Arline Westmeier

Wenn wir an Gedanken kranken

Zwanghafte Gedanken überwinden – neu denken lernen

Arline Westmeier

Wenn wir an Gedanken kranken

Zwanghafte Gedanken überwinden – neu denken lernen

Die verletzte Seele heilen, Band 3

Blaukreuz-Verlag Wuppertal
Blaukreuz-Verlag Bern

Die Autorin Dr. Arline Westmeier ist Deutschamerikanerin. Mit ihrem Mann arbeitete sie 21 Jahre als Missionarin in Kolumbien, zunächst in der Studentenmission und im Gemeindeaufbau, dann an einem Bibelseminar. Sie studierte Psychologie (B. A.), Theologie (M. Th.) und klinische Seelsorge. 1986 kam sie mit ihrer Familie in die USA, wo sie eine staatlich anerkannte Beratungsstelle aufbaute und leitete. Seit 1992 lebt sie in Puerto Rico, wo ihr Mann als Professor an einer Theologischen Hochschule Missionstheologie lehrt. Neben ihrer Vortragstätigkeit leitet sie eine Beratungsstelle. Sie ist Mitglied der Amerikanischen Gesellschaft für christliche Therapeuten, der Christlichen Gesellschaft für psychologische Studien und ist als christliche Therapeutin vom International Christian Institute and Graduate School anerkannt.

Die Deutsche Bibliothek – CIP-Einheitsaufnahme

Westmeier, Arline:
Wenn wir an Gedanken kranken : zwanghafte Gedanken überwinden – neu denken lernen / Arline Westmeier. – 2. Aufl. – Wuppertal : Blaukreuz-Verl. ; Bern : Blaukreuz-Verl., 1999
(Die verletzte Seele heilen ; Bd. 3)
ISBN 3-89175-126-5 (Wuppertal)
ISBN 3-85580-361-7 (Bern)
NE: GT

Titelgestaltung: Andreas Junge
Satz: Blaukreuz-Verlag Wuppertal
Druck und Herstellung: St. Johannis-Druckerei, Lahr

ISBN 3 89175 126 5 Blaukreuz-Verlag Wuppertal
ISBN 3 85580 361 7 Blaukreuz-Verlag Bern

Gewidmet
jenen mutigen Christen,
die es gewagt haben,
sich ihren zwanghaften Gedanken zu stellen,
und die sich durch ihre
von Jesus Christus verliehene Autorität
über das Böse
ihren Weg zur Freiheit erkämpfen.

Inhalt

Vorwort

Viele Christen werden geplagt von Gedanken, die sie nicht unter Kontrolle bekommen. So beten manche immer von neuem um Vergebung für bestimmte Verfehlungen aus ihrer Vergangenheit. Das haben sie zwar schon wiederholt getan, aber sie meinen, daß es ihnen da nicht leid genug getan habe. Andere fühlen den Drang, eine bestimmte Handlung wie ein Ritual immer von neuem zu wiederholen. Wieder andere fühlen sich für jeden geringsten Irrtum oder Fehler von ihrem Gewissen angeklagt. Sie fragen sich, wie Gott so schlechte Menschen wie sie überhaupt annehmen kann.

Woher kommen solche Gedanken? Kommen sie von Gott oder entspringen sie den eigenen Vorstellungen und Wünschen? Oder – noch schlimmer – könnte das, was uns in den Sinn kommt, nicht auch eine Versuchung vom Feind sein, der uns als Engel des Lichts erscheint? Wie können wir erkennen, ob Gott uns auf eine bestimmte Verfehlung aufmerksam machen will, oder ob wir nur durch ein falsch geprägtes Gewissen versucht werden, uns selbst fertigzumachen und depressiv zu werden?

Christliche Psychologen und Psychotherapeuten begegnen fast täglich Menschen, die durch solche Fragen gequält werden und Hilfe brauchen. Deshalb möchte ich in meiner Buchreihe „Die verletzte Seele heilen“ auch noch auf dieses Thema eingehen.

Gott will mit uns sprechen, das weiß eigentlich jeder Christ. Aber recht viele haben kaum eine Vorstellung davon, wie Gott sich uns als einzelnen mitteilt. Klar ist, daß er durch sein Wort zu uns spricht. Aber wie können wir erkennen, was er uns gerade jetzt persönlich sagt? Woher sollen wir wissen, ob wir uns nicht nur einbilden, was wir für Gottes Wegweisung halten?

Jesus sagt, daß seine Schafe seine Stimme hören. Er ruft sie beim Namen, und sie folgen ihm, weil sie seine Stimme kennen. Einem Fremden folgen sie nicht, weil sie dessen Stimme nicht kennen (Johannes 10,3-5).

Das klingt so einfach. Und doch haben viele Christen an diesem Punkt Probleme. Denn wir gebrauchen unseren Verstand zum einen, um unsere eigenen Gedanken zu denken. Wenn Gott zu uns spricht, wird das ebenfalls in unserem Verstand registriert. Und auch die Versuchungen Satans nehmen wir in unserem Verstand wahr. Es wäre alles so einfach, wenn Gottes Stimme immer in der rechten Seite unseres Gehirns wahrzunehmen wäre, wir die linke Seite für unsere eigenen Gedanken gebrauchten und alle Versuchungen durch die Rückseite kämen. Dann wäre es leicht, den Ursprung unserer Gedanken zu erkennen. Doch so geht es leider nicht. Deshalb ist es wichtig zu lernen, auf andere Weise unsere Gedanken auseinanderzuhalten.

In zwei wesentlichen Bereichen ist es besonders wichtig, Gottes Stimme zu erkennen: Erstens im Blick auf seine Leitung bei unseren Entscheidungen, und zweitens, wenn er uns auf Sünde aufmerksam machen will. Es gibt natürlich noch viele andere Gelegenheiten, wo Gott zu uns spricht.

Wir brauchen Gottes Leitung bei unseren Entscheidungen, weil er unser ganzes Leben überblickt und weiß, was gut für uns ist. Aber wie erkennen wir, ob das, was wir fühlen und denken, Gottes Führung ist? In Kapitel 4 geht es um diese Frage.

In den Kapiteln 5 bis 7 befassen wir uns mit Grundregeln für den Umgang mit unserem schlechten Gewissen: Spricht hier Gott zu mir, weil er mir Sünde zeigen will, die mich von ihm trennt, oder ist das, was ich spüre, ein zwanghafter Schuldgedanke, der mir zur Versuchung wird?

Die Fragen und Gebetsleitlinien in Kapitel 8 bis 11 sollen dabei helfen, den Ursprung der eigenen Gedanken zu erkennen und dazu anleiten, zwanghafte Gedanken, zu überwinden und unter die Herrschaft Jesu zu bringen (2. Korinther 10,3-6). Schon vielen Menschen haben diese Fragen und Gebetsleitlinien geholfen, von unkontrollierbaren, immer wiederkehrenden Gedanken frei zu werden.

Dieser dritte und letzte Band in der Reihe „Die verletzte Seele heilen" fußt auf den ersten beiden Büchern. Für die Leser, die diese nicht kennen, erkläre ich in Kapitel 2 dieses Buches noch einmal kurz die Grundgedanken aus den beiden ersten Bänden.

Alle Bibelverse werden, soweit nicht anders vermerkt, nach der revidierten Lutherübersetzung von 1984 zitiert. Jeder, von dem ich in diesem Buch erzähle, hat mir seine Einwilligung dazu gegeben. Um die Anonymität dieser Menschen zu wahren, die mir ihre Lebensgeschichte anvertraut haben, sind alle Namen und viele Ortsbezeichnungen geändert.

Ich danke meiner Schwägerin Ingrid Westmeier, die mir beim deutschen Manuskript geholfen hat.

Dieses Buch ist jenen mutigen Christen gewidmet, die es gewagt haben, sich ihren zwanghaften Gedanken zu stellen, und die sich durch ihre von Jesus Christus verliehene Autorität über das Böse ihren Weg zur Freiheit erkämpfen.

Arline Westmeier

Kapitel 1: Gedankenkarussell

Markus hatte seinen Kopf in die Hände gestützt und stöhnte: „Sie tun mir einfach nicht ernsthaft leid, die Menschen, die ohne Jesus verloren gehen. Sie kommen in die Hölle, und ich kümmere mich nicht darum! Wahrscheinlich bin ich gar kein echter Christ. Wenn ich wirklich ein Christ wäre, dann wäre ich jetzt irgendwo draußen bei diesen Menschen und würde ihnen von Jesus erzählen und mein Leben für sie aufopfern. Und dann die Armen. Was tue ich denn für sie? Ich lebe hier in allem Komfort, während sie verhungern. Ich kann einfach kein echter Christ sein. Ich tue ja fast nichts für andere!"

„Hat Gott dir denn etwas Bestimmtes aufgetragen, und du hast es nicht getan?" fragte ich Markus.

„Ich weiß es nicht. Ich frage Gott ja immer. Aber ich glaube, er kann mich gar nicht hören, weil mir das alles nicht leid genug tut. Wenn ich mich wirklich betroffen fühlte von all dem Leid, dann würde ich doch mehr tun!"

Zutiefst deprimiert saß Markus in meiner Beratungspraxis vor mir. „Ich weiß nicht, was falsch an mir ist. Ich war schon bei einem anderen Psychologen, aber es ist immer noch dasselbe mit mir. Ich bin auch zu jemanden gegangen, der dämonische Bindungen lösen kann, aber er meinte, das hätte bei mir nichts mit Dämonen zu tun. Was soll ich nur tun? Meine Frau hat auch darunter zu leiden. Wenn ich mich so fühle wie jetzt, dann kann ich kaum noch auf sie eingehen. Sie hat schon so viel gelitten. Warum sorge ich mich nicht richtig um sie? Ich kümmere mich nicht so um andere, wie ich das tun sollte."

„Markus", fragte ich ihn, um herauszufinden, wo sein Problem lag, „wieviel Zeit verbringst du vor dem Fernseher?"

„Fast gar keine."

„Warum nicht?"

„Ich muß so viel für mein Studium tun, daß für etwas anderes kaum Zeit übrig ist. Ich würde mir ja auch gern mal was im Fernsehen anschauen und eine Weile an nichts anderes denken. Hin und wieder mache ich das auch. Dann sehe ich mir eine oder zwei Sendungen an und vergesse alles andere. Aber hinterher habe ich ein schlechtes Gewissen, weil ich in der Zeit eigentlich etwas für Gott hätte tun können."

„Wieviel Zeit hast du für deine Kinder?"

„Ich versuche, jeden Tag eine Weile für sie dazusein. Aber wenn es mir so geht wie jetzt, dann kann ich nur noch stundenlang beten und zu Gott schreien, er möge mir vergeben, daß ich so ein hartes Herz habe. Dann sehe ich nur noch, wie weit meine Gefühle von dem abweichen, was Gott von mir erwartet, und deshalb werde ich dann auch meiner Frau und den Kindern gegenüber heftig."

„Mit anderen Worten, du bist so damit beschäftigt, deine mangelnde Fürsorge für deine Familie zu bereuen, daß du dich noch weniger um sie kümmerst."

„Ja. Genau das ist das Problem! Je mehr Zeit ich damit zubringe, meine Haltung zu bereuen, desto schlimmer wird es mit mir."

Als Markus mir von seinem Leben erzählte, wurde deutlich, daß er schon als Kind sehr sensibel gewesen war. Ihm hatte viel daran gelegen, von seinen Eltern gelobt zu werden. Doch seine Eltern waren sehr streng. Besonders sein Vater ließ ihn sein Mißfallen spüren, wenn Markus seinen hohen Erwartungen nicht gerecht wurde. Markus erinnerte sich, wie sein Vater ihn als kleines Kind oft liebevoll in die Arme genommen und geküßt hatte. Aber als er sechs Jahre alt geworden war, wurde das plötzlich anders. Sein Vater fing an zu trinken und zog sich innerlich immer mehr von seiner Familie zurück. Das Trinken und die Streitereien zwischen seinen Eltern wurden immer schlimmer, bis sie sich, als Markus achtzehn war, scheiden ließen und beide bald wieder heirateten. Später nahmen sein Vater und dessen neue Frau Jesus als Herrn in ihr Leben auf. Aber auch in seinem Glauben war sein Vater sehr streng.

Die beiden Brüder von Markus hatten sich – genau wie ihr Vater – im Sport hervorgetan. Markus spürte, daß sein Vater das auch von ihm erwartete, aber er mochte Sportwettkämpfe nicht. Er las lieber, dachte viel nach und wünschte sich so sehr, daß sein Vater stolz auf ihn wäre, weil er so gute Zeugnisse mit nach Hause brachte. Aber irgendwie war Markus nie gut genug.

Als er heranwuchs, zerbrach seine innere Beziehung zu seiner Mutter, als sie ihn einmal beschuldigte, er habe eine unmoralische Beziehung zu einem Freund. Das stimmte nicht, aber sie glaubte Markus nicht. Schon als Teenager versuchte er, mit Alkohol und Drogen seinen Ekel vor sich selbst zu betäuben.

Bald nachdem er geheiratet hatte, hörten er und seine Frau, wie sehr Gott sie liebt, und sie nahmen beide Jesus in ihr Leben auf. Die Zeit danach bezeichnete Markus als sein „goldenes Jahr“. Das war, wie er sich erinnerte, die einzige Zeit in seinem Leben, wo er von seinen ständigen Selbstvorwürfen frei gewesen war. Aber als ich dann genauer nachfragte, fiel ihm ein, daß er auch während dieses „goldenen Jahres“ mehrere Panikanfälle erlebt hatte.

Diese Zeit endete, als Markus einige Bücher über das Leiden der Menschen in aller Welt las und über die Verantwortung der Christen, diesen „Nachbarn“ zu helfen. Plötzlich wurde Markus bewußt, daß die Welt weit komplizierter war, als er es sich vorgestellt hatte. Die schwierigen Verwicklungen ängstigten ihn. Mit überschaubaren Dingen konnte er umgehen. Aber Kompliziertes entzog sich seiner Kontrolle. Er verachtete sich selbst dafür, daß er zu schwach war, um die Probleme der Welt zu lösen.

Markus bereitete sich auf den Gemeindedienst vor. Er glaubte, daß Gott ihn zum Evangelisten berufen hatte und daß er anderen von der Liebe Jesu erzählen sollte. Aber er ärgerte sich über die Kirchen und ihre Pastoren. Ihm schien, daß die meisten Predigten nur dazu angelegt waren, bei den Leuten – und besonders bei ihm – Schuldgefühle hervorzurufen. Nach jedem Gottesdienst fühlte er sich so schuldbeladen, daß er die ganze Woche brauchte, um aus seiner Depression wieder herauszukommen. Stundenlang bat er dann auf seinen Knien Gott um Vergebung dafür, daß er sich so wenig um andere kümmerte. Wenn er damit fertig war, war die Woche um, und es war Zeit, wieder in die Kirche zu gehen und eine neue Predigt über sich ergehen zu lassen.

Nun, wo er an der Theologischen Hochschule studierte, fühlte Markus sich auch von seinen Professoren, dem Unterrichtsstoff und den Büchern, die er las, angeklagt. Was für ihn das Faß zum Überlaufen gebracht hatte, war das Thema „Evangelisation der Armen". Und so war er schließlich zu mir in die Beratung gekommen.

„Ich halte es nicht mehr aus!" stöhnte er. „Was wollen sie alle von mir? Ich habe gegeben, was ich konnte. Ich habe eine Familie. Ich muß meine Studiengebühren aufbringen. Ich arbeite noch nebenher, so viel ich kann. Und noch immer sagen sie, daß ich wohl kein echter Christ bin, wenn ich nichts für die Armen tue."

„Hast du denn schon einmal etwas für die Armen gespendet?" fragte ich Markus.

„Ja", sagte er. „Wir haben neunzig Dollar gegeben. Aber was ist das im Vergleich zu so viel Armut? Ich hätte gern noch mehr getan, aber wir hatten einfach nicht mehr Geld übrig."

„Dann war das bei euch so wie bei jener Witwe, von der in der Bibel erzählt wird. Jesus sagte, daß sie mehr gespendet hatte, als sie sich eigentlich leisten konnte."

„Ja, das stimmt. Aber das ist nicht mein Problem. Es geht mir einfach nicht nahe genug, daß es so viel Arme in der Welt gibt, das ist das Problem. Ich denke nicht genug an sie. Wenn ich wirklich so wie Jesus wäre, dann würde ich mit ihnen leiden. Und das tue ich nicht! Ich denke an ganz andere Sachen!"

„Woran zum Beispiel?"

„Nun, an die Vorlesungen oder an meine Familie. Und manchmal möchte ich auch an gar nichts denken."

„Und du meinst, ein Christ darf das nicht?"

„Nein, das ist nicht der Punkt. Es ist so, daß mein Mitleid zu oberflächlich ist."

„Ach, dann ist es die Tiefe und Ernsthaftigkeit deiner Gefühle, die nicht ausreicht?"

„Ja, genau. Ich fühle nicht tief genug. Ich bin nicht von Mitleid überwältigt. Ich lasse mich zu leicht ablenken. Zum Beispiel, wenn ich manchmal in den Supermarkt gehe, um etwas einzukaufen. Wenn ich dann in mich hineinschaue, muß ich zugeben, daß mich die vielen Leute um mich herum, die alle auf dem Weg zur Hölle sind, überhaupt nicht kümmern. Ich denke nur an das, was ich einkaufen möchte und daß ich dann wieder nach Hause will. Ich verstehe nicht, wieso Gott überhaupt noch etwas mit mir zu tun haben will."

„Aber wenn du immer nur in dich hineinschaust um festzustellen, ob du auch genug Mitleid mit den anderen spürst, wie willst du es dann noch fertigbringen, dich den anderen zuzuwenden? Man kann doch nicht in sich hineinschauen und gleichzeitig zu anderen hin. Man kann sich immer nur auf eins konzentrieren."

„Das stimmt. Aber in der Bibel steht, daß wir uns selbst prüfen sollen, ob wir noch im Glauben stehen. Das ist das, was ich tue. Und zu diesem Zeitpunkt war bei mir kein Mitgefühl."

„Wenn ich dich richtig verstehe, siehst du das so: Um ein echter Christ zu sein, muß man unter allen Umständen, jederzeit, ohne Unterlaß mit dem tiefsten Mitgefühl für die anderen Menschen erfüllt sein."

„Nein, nein", wehrte Markus ab, „das meine ich nicht. Das wäre ja unmöglich."

„Trotzdem", beharrte ich, „ist das nicht genau das, was du von dir selbst erwartest? Und nicht nur, daß du in jedem Augenblick Mitgefühl für andere haben mußt, es muß auch noch das allertiefste Mitgefühl sein. Ist es nicht genau das, was du von dir verlangst?"

„Hm", sagte Markus und schwieg einen Augenblick. „Kann sein, daß ich das von mir erwarte. Aber warum bin ich so auf mich fixiert? Ich sollte nicht immer auf mich selber blicken. Ich sollte an andere denken, und das tue ich nicht. Immer denke ich über mich nach. Wenn ich ein echter Christ wäre, würde ich an andere denken. Daß Gott sich überhaupt noch mit mir abgibt! Ich bin so ein schrecklicher Versager!" Und schon drehten sich seine Gedanken wieder in dem alten Karussell.

Für jemanden, der sich nie in so einem Kreislauf von Selbstvorwürfen verfangen hat, mag es schwierig sein, das nachzuempfinden und sich vorzustellen, wie zerstörerisch solche Gedanken sind.

Daß es so schwer ist, aus solch einem Gedankenkarussell wieder herauszukommen, liegt unter anderem daran, daß diese Überlegungen dem Betroffenen ganz logisch erscheinen. Das Stückchen Wahrheit, das in ihnen enthalten ist, beschäftigt ihn so sehr, daß er gar nicht mitbekommt, wie er sich im Kreise dreht. Er erkennt die Lüge nicht, die zu der Wahrheit hinzugekommen ist, und merkt auch nicht, daß vieles, was an seinen Gedanken ursprünglich richtig war, inzwischen längst verfälscht ist. Seine eigenen Gedanken fesseln ihn so, daß ihm alles andere unlogisch erscheint.

Als ich Markus darauf hinwies, wie sehr sich seine Gedanken im Kreise bewegten, war er schockiert. „Aber sonst sagen mir doch alle, daß ich sehr klar denken kann. Für meine Referate bekomme ich immer sehr gute Zensuren. Ich habe einen Durchschnitt von 1,8. Sie sagen, daß ich sehr gut predigen kann."

„Ja, das mag stimmen", versicherte ich. „Aber in diesem einen Bereich ist dein Denken zwanghaft. Du kennst alle richtigen Antworten, und sie gelten für alle anderen, nur nicht für dich. Kannst du dir vorstellen, daß du zu deinem kleinen vierjährigen Sohn so sprichst wie zu dir selbst? Stell dir vor, du kommst in das Zimmer, wo Joel gerade ins Spiel vertieft ist. Kannst du dir denken, daß du ihm sagst: ‚Joel, nun schau dir mal deine Gefühle an. Du denkst überhaupt nicht mehr daran, wie sehr deine Mutter dich liebt. Du denkst nur an deine Spielsachen. Du hast deine Mutter ja gar nicht lieb. Wenn du sie wirklich liebhättest, dann würdest du sie nicht über deinem Spiel vergessen. Was bist du doch für ein liebloses Kind! Du bist nicht wert, unser Kind zu sein.' – Kannst du dir vorstellen, daß du so etwas zu Joel sagen würdest?"

Der bloße Gedanke daran, so zu seinem kleinen Sohn zu sprechen, entsetzte Markus.

„Aber merkst du nicht, daß du so mit dir selbst umgehst?" fragte ich ihn. „Warum erschreckt dich das nicht?"

Aber Markus ging nicht auf meine Frage ein. „Nie im Leben würde ich Joel so etwas sagen", wich er aus. „Das ist doch ganz unmöglich für ihn, ständig an seine Mutter zu denken, wenn er spielt. Wie könnte ich ihm eine so schreckliche Last auferlegen!"

„Genau. Aber ist das nicht genau das, was du dir selbst abverlangst?" fragte ich noch einmal.

„Ich weiß nicht", sagte er nachdenklich. „Ich lese zur Zeit in der Bibel immer wieder die letzten Kapitel des Epheserbriefes und der Thessalonicherbriefe. Und da muß ich feststellen, daß ich das nicht tue, was ich nach Gottes Willen immer und jederzeit tun sollte. Ich bete nicht allezeit. Ich lasse nicht jederzeit jeden meine Freude spüren. Ich bin nicht einmal immer fröhlich. Ich bin nicht gehorsam. Wie kann Gott mich da überhaupt noch annehmen?"

„Markus, Satan benutzte Bibelverse, um Jesus zu versuchen (Matthäus 4,5-7), und dasselbe macht er offensichtlich auch bei dir. Wenn Gott zu uns spricht, zerstört er nicht unser Selbstgefühl. Er spricht zu uns mit leiser, ruhiger Stimme. Wenn Gott uns etwas sagt, dann können wir immer antworten: ‚Nein, ich möchte das nicht tun.‘ Kannst du dich weigern, deine Gedanken zu denken?“

„Nein“, sagte Markus, „sie kommen immer zurück. Ganz gleich, was ich tue, diese Gedanken quälen mich beinahe ständig.“

„Wenn diese Gedanken dich quälen, dann kommen sie nicht von Gott. Denn das ist eins der Unterscheidungsmerkmale zwischen Gedanken, die von Gott kommen, und Versuchungen, die wir zurückweisen müssen: Gott quält und zwingt uns nie. Er wartet, bis wir ihm gestatten, zu uns zu sprechen.“

„Markus“, fuhr ich fort, „nun sag mal, wie oft du die ersten drei Kapitel des Epheserbriefes liest, wo Gott sagt, daß wir zu seinen Erben bestimmt sind, und daß wir durch seine Gnade gerettet werden und nicht durch etwas, was wir selbst tun. Wie oft liest du die ersten beiden Kapitel des Philipperbriefes, wo Gott sagt, daß er selbst in unseren Herzen den Wunsch weckt, auf ihn zu hören und uns dazu die Kraft gibt, seinen Willen auszuführen?“

„Naja“, antwortete Markus langsam, „den ersten Teil der Briefe im Neuen Testament lese ich gewöhnlich nicht. Ich lese meist nur die zweite Hälfte, wo die Gebote und Anweisungen stehen.“

„Markus, tust du mir einen Gefallen? Versprich mir bitte, daß du diese ganze Woche lang bis zu unserem nächsten Termin nur die ersten Kapitel des Epheser- und des Philipperbriefes liest und nichts anderes. In der Bibel wird Satan der ‚Verkläger der Brüder‘ genannt. Es ist ihm offensichtlich sehr gut gelungen, dich zu verklagen, und du hast alles geschluckt, was er gesagt hat.“

Bevor Markus ging, banden wir im Namen Jesu den „Verkläger der Brüder“ und lösten in Markus die Fähigkeit, das zu verstehen, was Gott ihm sagen und zeigen wollte, wenn er in der Bibel las.

Eine Woche später fühlte sich Markus etwas besser. Aber die Predigt am Sonntag hatte ihn wieder in Schuldgefühle gestürzt und in Verzweiflung darüber, daß er kein besserer Ehemann war. Es war ihm gelungen, dagegen anzukämpfen, aber ihm war, als ob diese Gedanken ständig am Rande seines Bewußtseins auf der Lauer lagen. Er konnte sich nicht so annehmen, wie er war. Er war sich selbst nicht gut genug.

„Markus", fragte ich ihn deshalb, „was hast du gemacht, als du dein Leben Jesus gegeben hast? Was mußtest du tun, damit Gott dich als sein Kind annahm?"

„Nun, ich habe ihn gebeten, mir meine Sünden zu vergeben und mich zu seinem Kind zu machen."

„Hat er dich angenommen, weil du fehlerlos warst?"

„Nein, er hat mich aus Gnade angenommen."

„Und was bedeutet das, ‚aus Gnade'?"

„Das bedeutet, daß ich etwas Gutes bekommen habe, das ich nicht verdient hatte."

„Bist du sicher, daß du es dir nicht verdienen mußtest?"

„Aber ja, ganz sicher."

„Was könnte Gott dann also meinen, wenn er sagt, daß wir so, wie wir Christus angenommen haben, auch in ihm leben sollen?"

„Nun, das heißt, daß wir in seiner Gnade leben sollen."

„Was, wie du eben gesagt hast, bedeutet, daß du etwas bekommst, was du nicht verdient hast. Könnte das vielleicht bedeuten, daß du nicht hundertprozentig o.k. sein mußt? Daß es o.k. ist, wenn du nicht o.k. bist?"

Markus war eine ganze Zeitlang still. Schließlich antwortete er: „Hm, so habe ich nie darüber nachgedacht. Ich vermute, das könnte es bedeuten. Aber ich kann so nicht fühlen."

„Das muß auch nicht sein", beruhigte ich ihn. „Du brauchst das nicht zu fühlen. Du brauchst nicht einmal zu fühlen, daß du es glaubst. Die Frage ist, willst du dich dafür öffnen, das anzunehmen?"

„Sieh mal", fuhr ich fort, „wenn ich dir verspräche, dir ein Fünfmarkstück zu schenken, würde ich dir sagen: ‚Halt deine Hand auf, ich gebe dir jetzt fünf Dollar.' Mag sein, daß du das in deinem Gefühl nicht nachvollziehen kannst. Vielleicht glaubst du nicht einmal, daß es stimmt. Aber wenn du dich entschließt, mir deine geöffnete Hand hinzuhalten, würde ich dir das Fünfdollarstück geben. Was du gefühlt hast, würde nichts daran ändern. Dieses Geld würde dann dir gehören. Die Tatsache, daß du mir deine offene Hand hingehalten hast, hätte gezeigt, daß du mir vertraust. Der Rest wäre dann meine Sache, nicht wahr?"

„Ja, ich denke schon“, antwortete Markus langsam.

„Das ist meine Frage an dich, Markus: Entschließt du dich (trotz deiner Gefühle und obwohl du nicht glauben kannst), dies laut auszusprechen: ‚Ich akzeptiere, daß es durch Gottes Gnade für mich o.k. ist, nicht o.k. zu sein‘?“

Wieder dachte Markus eine Weile nach. „Ja“, sagte er schließlich, „denn in 1. Johannes 2 steht, daß Jesus mein Anwalt ist. Ich weiß, daß er mich versteht, weil er ein Mensch war, wie ich es bin.“

„Das stimmt. Nun stell dir vor, wie Satan vor Gott tritt und dich anklagen will: ‚Schau dir den Markus an. Er ist sicher nicht o.k. Er handelt wirklich nicht so, wie er sollte. Sieh dir nur an, wie er denkt und fühlt!‘ Aber Jesus sagt ihm: ‚Hör auf damit. Markus gehört zu mir. Seine Sünden sind bedeckt mit meinem Blut. Ich habe alles vollkommen gut gemacht. Er braucht nicht alles richtig zu machen, denn ich habe das für ihn getan.‘ Markus, entschließt du dich, im Namen Jesu vor der ganzen unsichtbaren Welt einschließlich jenem ‚Verkläger der Brüder‘ laut zu erklären, daß du dies akzeptierst: es ist für dich o.k., nicht o.k. zu sein?“

„Ja“ sagte Markus schließlich, „das tue ich.“

„Dann gib diese Erklärung ab: ‚Vor der sichtbaren und der unsichtbaren Welt entscheide ich mich im Namen Jesu, dies zu akzeptieren: Es ist o.k. für mich, nicht o.k. zu sein‘.“

Markus machte das. Aber sofort danach schoß ihm der Gedanke durch den Kopf: „Und was ist, wenn ich das jetzt gar nicht richtig ernst gemeint habe?“

„Dann mach jetzt noch etwas“, antwortete ich. „Sage: ‚Du, der du mir diesen Gedanken eingegeben hast, ich werfe dich im Namen Jesu jetzt aus meinem Leben hinaus.‘ Und dann stell dich noch einmal zu deiner Erklärung: ‚Ich akzeptiere, daß es durch die Gnade Jesu o.k. für mich ist, nicht o.k. zu sein‘.“

Ich ermutigte Markus, in der folgenden Woche jedesmal, wenn ihm ein negativer Gedanke kam, im Namen Jesu den Bösen, der ihm diesen Gedanken eingegeben hatte, aus seinem Leben hinauszuwerfen, und dann seine Erklärung zu wiederholen.

„Aber was ist, wenn ich das vergesse?“ fragte er.

„Dann sage, sobald du das merkst: ‚Es ist o.k., daß ich das vergessen habe, weil es o.k. ist, wenn ich nicht o.k. bin.“

In den nächsten Wochen sprachen wir auch über die seelischen Verletzungen aus Markus' Kindheit und Jugend, und wir brachten sie im Gebet zu Jesus, damit er sie heilte. Außerdem schickte ich Markus zu einem Psychiater, damit abgklärt wurde, ob bei Markus OCD (Obsessive Compulsive Disorder) vorlag, eine Erkrankung, bei der sich die elektrischen Impulse im Gehirn wegen eines Fehlers im Gerhirnstoffwechsel ständig selbst wiederholen und auf diese Weise zwanghafte Gedanken verursachen. Markus nahm für einige Wochen Medikamente, ließ sie dann aber wieder weg.

Nach und nach zeigte sich, daß bei einigen bestimmten Themen und Bibelabschnitten Markus' Gedanken immer wieder anfingen, sich unkontrollierbar im Kreise zu drehen. Markus schrieb sie auf, und wir erklärten sie zu seiner „Nein, Nein-Liste".

Auf dieser Liste standen Fragen wie: Glaube ich an Jesus oder glaube ich nicht? Tue ich genug? Meine ich, was ich sage und tue? Fühle ich das wirklich, was ich sage? Sind meine Gefühle tief genug?

Sobald Markus merkte, daß wieder einer dieser Gedanken in seinen Sinn kam, sollte er ihn, ohne sich auch nur annähernd auf ihn einzulassen, im Namen Jesu widerrufen und aus seinem Denken hinauswerfen. Auf diese Weise konnte er praktizieren, was in 2. Korinther 10,5 gesagt wird: „Wir zerstören damit Gedanken und alles Hohe, das sich erhebt gegen die Erkenntnis Gottes, und nehmen gefangen alles Denken in den Gehorsam gegen Christus."

Außerdem sollte er bestimmte Bibelverse meiden, die sein altes Gedankenkarussell wieder in Gang setzten, wie zum Beispiel 1. Johannes 1,6: „Wenn wir sagen, daß wir Gemeinschaft mit ihm (Gott) haben, und wandeln in der Finsternis, so lügen wir und tun nicht die Wahrheit", oder 1. Johannes 2,9: „Wer sagt, er sei im Licht und haßt seinen Bruder, der ist noch in der Finsternis."

An diesem Punkt hatte Markus Bedenken. „Wie soll ich wissen, ob ich noch in Gottes Licht lebe? Stell dir vor, ich täte wirklich nicht, was ich tun soll! Gott sagt: ‚Prüft euch selbst, damit ihr wißt, ob ihr im Glauben lebt.' Wenn ich mich nicht mehr mit diesen Versen befasse, dann tue ich ja nicht mehr, was Gottes Wort sagt!"

„Markus, Gott will dich, auch ohne daß du darauf aufpaßt, auf dem richtigen Weg halten. Öffne dich für ihn und schau auf ihn. Sage ihm: ‚Gott, ich vertraue dir, daß du mich auch dann auf dem richtigen Weg hältst, wenn ich mich nicht dauernd selbst kontrolliere.' Diese Gedanken und Bibelverse sind Versuchungen für dich. Satan hat sogar Jesus mit Bibelsprüchen in Versuchung geführt. Warum sollte er das bei dir nicht auch probieren? Zur Zeit wirken diese Bibelverse, die auf der Liste stehen, wie Gift auf dich. Du bist allergisch gegen sie. Das bedeutet nicht, daß du sie nie wieder wirst lesen können, aber im Augenblick kannst du sie nicht vertragen. Jesus mußte die Bibelverse zurückweisen, die Satan zitierte, um ihn zu versuchen. Dasselbe mußt auch du tun, denn sie bringen dich nicht näher zu Gott und helfen dir nicht, ihm fester zu vertrauen. Sie bewirken nur, daß du immer mehr an dir selbst und an Gott zweifelst. Es ist nicht mehr Gott, der durch diese Worte zu dir spricht. Sie sind für dich zur Versuchung geworden."

Markus lernte langsam, diese neue Waffe im Kampf gegen Satan, der ihn ständig verklagte, zu gebrauchen. Aber er war immer noch zornig auf die Kirchen und die Pastoren mit ihren „erbarmungslosen Predigten, durch die sich die Leute nur schuldig fühlen sollen".

„Markus", fragte ich ihn eines Tages, „hast du je den Kirchen und den Pastoren mit ihren Predigten, den Professoren mit ihrem Lehrstoff und den Autoren mit ihren Büchern vergeben für diese Schuldtrips, die sie in dir auslösen?"

„Nein", sagte er, „auf den Gedanken wäre ich nie gekommen. Ich dachte nur immer, daß sie das vor Gott bereuen und um Vergebung bitten müßten."

„Mag sein. Aber das geht nur sie und Gott an. Aber dein Groll gegen sie ist dein Problem. Was willst du damit anfangen? Bitte tu mir einen Gefallen. Schreibe auf, welchen Kirchen, Pastoren, Professoren, Autoren und anderen Menschen du etwas vergeben mußt, und bringe diesen Zettel nächstes Mal mit."

Eine Woche später hatte Markus eine lange Liste bei sich mit den Namen vieler Menschen, denen er vergeben mußte, weil sie in ihm Schuldgefühle ausgelöst und ihretwegen seine Gedanken durchgedreht waren. Wir brachten alle diese seelischen Verletzungen zu Jesus, und Markus vergab diesen Menschen mit der Vergebung Jesu. Er versprach, daß er durch Gottes Gnade keinen Groll mehr gegen sie hegen wollte.

Während der nächsten Wochen sprachen wir darüber, daß Gott Markus als ganz besondere Persönlichkeit geschaffen hatte. Es war schwer für ihn, das anzunehmen. Daß Gott jeden anderen Menschen als besondere Persönlichkeit geschaffen hatte, stand für Markus außer Frage. Aber daß Gott auch ihn als etwas ganz Besonderes ansah, konnte er nicht glauben und erst recht nicht fühlen.

Als Markus sich dann darauf konzentrierte, sich selbst immer wieder daran zu erinnern, daß er für Gott ganz besonders wertvoll war, kamen seine Gedanken langsam zur Ruhe.

Dann kam die Abschlußprüfung zum Thema „Evangelisation der Armen", was für ihn wieder schwere innere Konflikte mit sich brachte. Wie konnte er sicher sein, daß sein Glaube echt war? Was gab ihm die Gewißheit, daß sein Glaube bis zu seinem Lebensende standhalten und er nicht in Unglauben zurückfallen würde?

In diesen Tagen des Kampfes wurde Markus bewußt, wie er sich ständig selbst beobachtete und jeden Gedanken, der ihm in den Sinn kam, immer gleich mißbilligte. Da begann er, „um Blindheit für sich selbst und offene Augen gegenüber Gott" zu beten. Er sagte sich los vom ständigen Kreisen um sich und erbat Konzentration auf Gott. Nun endlich spürte Markus einen Durchbruch in seinem Denken, wenn ihn auch immer wieder die Angst beschlich, dieser Durchbruch könne vielleicht keinen Bestand haben.

In der folgenden Zeit fühlte Markus sich so frei wie noch nie in seinem Leben. Doch dann nahte das Weihnachtsfest, wo er mit seiner Familie die nicht glaubenden Angehörigen seiner Frau besuchen würde. Markus wollte ihnen gegenüber immer ein besonders gutes Zeugnis für seinen Glauben sein. Das bedeutete für ihn, daß er keinen Fehler machen durfte, nichts sagen durfte, was vielleicht falsch aufgefaßt werden konnte, und auch keinen einzigen falschen Gedanken denken durfte.

Und dann hielt sein Pastor eine Predigt zum Thema Anbetung, die für Markus alles noch weiter verschlimmerte. Wenn er nicht bestimmte Dinge tat, so hörte Markus heraus, wie zum Beispiel sein Leben rein halten oder sich Gott ganz hingeben, dann würde Gott sein Gebet nicht annehmen. Anbetung war für Markus sowieso schon ein schwieriges Thema gewesen, weil ihn dabei stets seine „Was ist, wenn"-Fragen überfielen. „Was, wenn ich Gott doch nicht mein ganzes Leben hingegeben habe? Was, wenn ich ihm nicht wirklich vertraue?"

Es waren harte Wochen für Markus. Aber weil er dabei blieb, seine Augen immer wieder von sich selbst wegzuwenden und auf Jesus zu richten, überstand er sie, ohne wieder in seine alte Abwärtsspirale zu rutschen.

„Markus", fragte ich ihn eines Tages, „welchen Nutzen hast du davon, daß du dich selbst immer wieder so fertigmachst?"

„Nutzen?" fragte Markus. „Davon hab' ich doch wohl keinen Nutzen! Es ist das reine Elend, so zu denken."

„Nein, Markus", beharrte ich, „irgendeinen Vorteil mußt du davon haben, auch wenn du dich dabei noch so miserabel fühlst. Denn du bist ein Mensch, und kein Mensch behält eine Verhaltensweise bei, die ihm nicht auch irgendeinen Nutzen bringt. Mag sein, daß dir dieser Vorteil nicht bewußt ist. Aber er ist so wichtig für dich, daß du größere Angst davor hast, deine Selbstvorwürfe aufzugeben, als sie beizubehalten. Also, was ist dieser Vorteil?"

Markus dachte lange nach. Schließlich schüttelte er den Kopf und sagte: „Nein, ich habe keine Idee, was es sein könnte. Ich weiß nur, daß es mich ganz elend macht."

„Dann wollen wir Gott bitten, diesen Vorteil zu enttarnen, den du davon hast, dich selbst immer so herunterzuziehen."

Markus betete: „Gott, ich gebe dir die Erlaubnis, mir die Vorteile zu zeigen, die mir dieses Denken bringt. Ich kann mir zwar nicht vorstellen, daß es sie überhaupt gibt, aber bitte, zeige sie mir."

Die nächste Woche war wieder einmal schwierig für Markus. Er hatte gehofft, bei den Abschlußprüfungen Bester zu werden, aber er wurde nur Zweiter. Darüber war er enttäuscht. Und natürlich hätte nach seiner Vorstellung ein wahrer Christ darüber nicht enttäuscht sein dürfen, sondern hätte bereitwillig den zweiten Platz einnehmen und einem anderen den Vorrang lassen müssen.

Während des inneren Kampfes, den Markus nun ausfechten mußte, merkte er, daß er Angst hatte, seine Selbstverurteilungsgedanken und -gefühle aufzugeben, weil das die einzigen Gefühle waren, die er überhaupt hatte. Wenn er diese Gedanken und Gefühle aufgäbe, dann würde er vielleicht überhaupt nichts mehr fühlen können. Diese Möglichkeit versetzte ihn fast in Panik. Dann würde er ja wie ein Roboter sein, der sich nur hin und her bewegte, ohne etwas zu empfinden.

„Ist das also der Vorteil, den du davon hast?“ fragte ich ihn.

„Ja“, antwortete Markus. „Irgenwo ganz tief in mir habe ich Angst, daß ich dann gar keine Gefühle mehr hätte.“

„Also das ist die große Lüge, die dein Feind, der Satan, gebraucht, um dich zu binden. Und diese Lüge sieht aus, als ob sie die Wahrheit wäre, nicht wahr?“

„Ja. Jedenfalls kommt es mir so vor, als ob das alles ist, was ich überhaupt fühlen kann. Wenn ich diese Gefühle aufgäbe, dann würde ich nie wieder etwas fühlen können.“

„Markus“, sagte ich, „ich möchte auch nicht, daß du zum Roboter wirst. Und wenn sogar ich, wo ich doch nur ein Mensch bin, nicht möchte, daß du keine Gefühle mehr hast, wieviel mehr möchte dann Gott, der nur gute Gaben gibt, daß du nicht gefühllos wirst. Er will dir tiefe, überströmende Freude geben. Das heißt nicht, daß du dann nie mehr unglücklich bist. Aber er will dir einen Frieden geben, der viel tiefer ist als glückliche oder unglückliche Stimmungen. Und wenn es dir schlecht geht, will er dir so viel innere Sicherheit geben, daß du es nicht nötig hast, dich selbst zu beobachten, um festzustellen, wie gut oder schlecht du bist.“

„Das wäre wunderschön“, meinte Markus.

„Ganz tief in dir, Markus, noch unter der Angst, du könntest vielleicht nie wieder etwas fühlen, bist du frei zu wählen, was du tun willst. Willst du an dieser Angst festhalten und so bleiben, wie du bist? Oder entschließt du dich, dies wirklich als Lüge zu bezeichnen und beides, die Lüge und die Angst, abzuweisen? Du hast die Wahl. Was willst du tun?“

Markus dachte eine Weile still nach. Schließlich holte er tief Luft und antwortete: „Nein, ich will diese Angst nicht mehr. Ich will diese Lüge loswerden.“

Dann betete er: „Im Namen Jesu gebe ich diese Erklärung ab: Es ist eine Lüge, daß ich überhaupt nichts mehr fühlen kann, wenn ich mich nicht selbst herabsetze und beschuldige. Ich weise sie zurück und werfe sie aus meinem Leben. Ich gebe ihr keinen Raum mehr in mir. Im Namen Jesu binde ich die Angst, die mit dieser Lüge zusammenhängt, und werfe auch sie aus meinem Leben. Auch sie hat keinen Platz mehr in mir. Und ich fordere allen Raum zurück, der durch diese Lügen und Ängste besetzt war, und übereigne ihn an Jesus. Jesus soll Herr sein über diesen gesamten Bereich. Ich verschließe die Türen in meinem Leben, die durch Angst und Lügen zum Reich Satans hin geöffnet worden sind. Jesus, bitte komm in diesen Bereich meines Lebens, wo du bisher nicht die Kontrolle hattest. Ich erkläre dich zum Herrn über mein gesamtes Leben. Zeig du mir, was ich denken, sagen, fühlen, tun und sein soll, und durch deine Gnade will ich das ausführen."

Als Markus dies gebetet hatte, legte ich meine Hände auf seinen Kopf, segnete ihn und löste in ihm die Fähigkeit, die Gefühle zu fühlen, die Gott ihm geben wollte, und auf Jesus zu blicken, statt auf sich selbst.

Zu jener Zeit nahte sein Studienabschluß mit der dazugehörigen Abschlußfeier. Das ist für jeden Studenten eine spannungsreiche Zeit, wieviel mehr für Markus. Seine beiden Elternpaare wollten kommen, sein Vater mit seiner neuen Frau in seiner Engstirnigkeit und Strenge und seine Mutter mit ihrem neuen Mann in ihrem Unglauben. Markus ging auf, daß er seinem Vater für seine Enge und Strenge vergeben mußte und nicht versuchen durfte, ihn zu ändern. Nur Gott hatte das Recht dazu. Markus brauchte auch nicht dafür zu sorgen, daß sein Vater bestimmte Dinge glaubte. Ebensowenig war er dafür verantwortlich, daß seine Mutter sich für den Glauben an Gott öffnete. Das war allein Gottes Sache.

Auch dafür, daß seine beiden Elternpaare gut miteinander auskamen, wenn sie sich begegneten, hatte Markus sich verantwortlich gefühlt. Nun grenzte er sich auch dagegen ab. So war er nicht mehr mit solch einem Berg von vermeintlicher Verantwortung beladen und konnte fröhlich mit seinen Eltern zusammensein, ohne sie zu verurteilen und ohne das Gefühl zu haben, sie auf den rechten Weg bringen zu müssen. Dadurch wurde seine innere Spannung während des Besuchs ganz erheblich vermindert.

Die Woche mit den Abschlußfeierlichkeiten wurde für ihn wirklich schön. Aber er hatte kaum Zeit zur Stille vor Gott und zum Gebet, und deshalb machte er sich hinterher so viele Vorwürfe, daß ihn das wieder hinunterzuziehen drohte. Es gelang ihm, im Namen Jesu dagegen anzugehen, aber es war ein schwerer Kampf.

Ich erinnerte Markus daran, daß ein Dieb, wenn er nicht durch die Vordertür einbrechen kann, es durch die Hintertür versucht. Markus hatte darauf achtgehabt, daß seine Vordertür für die gewohnten negativen Gedanken verschlossen blieb. Nun wollte ihn sein Ankläger natürlich an einer anderen Schwachstelle hereinlegen, und das war in jener Woche seine Stille Zeit. Was mußte er also tun, um diesen Angriff abzuwehren? Er mußte wieder die Autorität, die Jesus ihm gegeben hatte, gegen seinen Feind einsetzen. Markus hatte als Kind Gottes das Recht und die Vollmacht, Satan mit seinen Anklagen aus seinem Leben hinauszuwerfen. Es gab kein Gesetz, daß er jeden Tag eine Stunde lang beten und in der Bibel lesen mußte. Markus hatte so viel Zeit wie nur möglich in der Stille vor Gott verbracht. Er hatte seine Sache gut gemacht. Er hatte kämpfen müssen, und er hatte gesiegt. Er hatte sich nicht wieder durch Anklagen des Bösen hinunterziehenlassen.

Einige Monate später bekam Markus seine erste Anstellung als Pastor und zog mit seiner Familie in eine andere Stadt. Er hatte es gelernt, den Ursprung seiner Gedanken und Gefühle auseinanderzusortieren und konnte nun Gottes Stimme, die ihn an einen bestimmten Ort leiten wollte, besser erkennen.

Markus war sich bewußt, daß es in seinem Dienst immer wieder Zeiten geben würde, wo er mit negativen Gedanken bombardiert wurde. Trotzdem war er zuversichtlich, denn er konnte Gottes Stimme immer besser verstehen. Er wußte nun, wie er seine von Gott übertragene Autorität gegen den Feind einsetzen konnte, der ihm die zwanghaften Gedanken eingab. Schritt für Schritt lernte er, seine Gedanken in den Gehorsam gegenüber Christus einzubringen.

Die Stimme Gottes zu erkennen, eingeschliffene Denkgewohnheiten zu verändern und negative, selbstzerstörerische Gedanken in den Gehorsam gegenüber Jesus Christus zu bringen, ist ein wesentlicher Teil der Heilung der Gefühle – und Thema dieses Buches. Im nächsten Kapitel soll es aber zunächst darum gehen zu zeigen, wie der Heilungsprozeß von seelischen Verletzungen und Erschütterungen insgesamt aussieht.

Kapitel 2: Ganzheitliche Heilung

Gott möchte jeden Bereich unseres Daseins heilen und neu machen, Geist, Seele und Leib. Paulus schreibt dazu in 1. Thessalonicher 5,23.24: „Der Gott des Friedens heilige euch durch und durch und bewahre euren Geist samt Seele und Leib unversehrt, untadelig für die Ankunft unseres Herrn Jesus Christus."

In diesem Vers werden drei Bereiche im Menschen angesprochen, Geist, Seele und Leib. Dabei ist mit „Geist" nicht der Verstand gemeint, wie vielfach angenommen wird, sondern jener Bereich, der den Menschen befähigt, mit der übernatürlichen Welt – das heißt mit Gott, aber auch mit bösen Mächten – in Verbindung zu kommen. Verstand und Gefühl sind der Seele zuzuordnen.

Die drei Bereiche Geist, Seele und Leib bilden eine Einheit. Man kann das mit den drei Seiten eines Dreiecks darstellen.

Gott schuf uns zu seinem Ebenbild (1. Mose 1,27). Wir sind dazu geschaffen, Gottes Herrlichkeit widerzuspiegeln. Aber unsere Ureltern, Adam und Eva, wollten Gott nicht gehorchen, und deshalb zerbrach ihre innere Verbindung mit Gott. Sie wurden von Gott getrennt, und diese Trennung ist durch alle Generationen bis hin zu uns gekommen. Deshalb ist Gottes Bild in uns verzerrt.

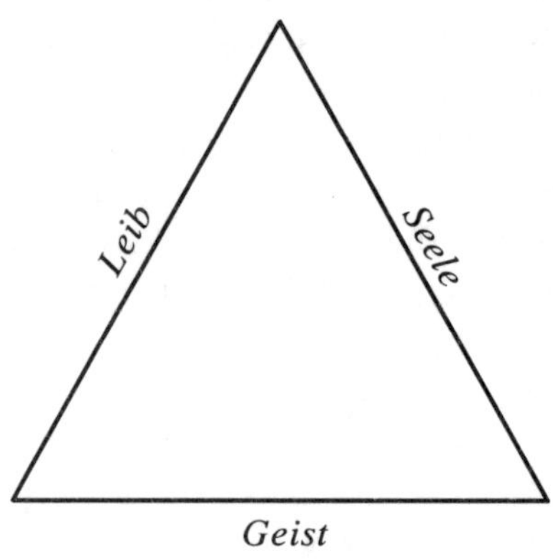

Manchmal so sehr, daß fast nichts mehr davon zu erkennen ist. Der Feind Gottes, der auch unser Feind ist, Satan, hat nur einen einzigen Wunsch: Er möchte uns zugrunde richten. Er wird in der Bibel als „Verkläger der Brüder“ (Offembarung 12,10) bezeichnet, weil er uns Tag und Nacht vor Gott anklagt. Beständig versucht er, uns zur Sünde zu verführen, weil er weiß, daß er uns so von Gott wegziehen und uns an Geist, Seele und Leib Schaden zufügen kann. Das gelingt ihm auch immer wieder. Deshalb brauchen wir in jedem dieser drei Bereiche Heilung. Jesus, Gottes Sohn, kam dazu auf diese Welt. Er kam, um uns zu retten und wieder heil zu machen.

Ganzheitliche Heilung

In Jesaja 61,1-4 wird davon gesprochen, was der erwartete Messias den Menschen bringt: „Der Geist des Herrn ist auf mir, weil der Herr mich gesalbt hat. Er hat mich gesandt, den Elenden gute Botschaft zu bringen, die zerbrochenen Herzen zu verbinden, zu verkündigen den Gefangenen die Freiheit, den Gebundenen, daß sie frei und ledig sein sollen; zu verkünden ein gnädiges Jahr des Herrn und einen Tag der Vergeltung unseres Gottes, zu trösten alle Trauernden, zu schaffen den Trauernden zu Zion, daß ihnen Schmuck statt Asche, Freudenöl statt Trauerkleid, Lobgesang statt eines betrübten Geistes gegeben werden, daß sie genannt werden ‚Bäume der Gerechtigkeit‘, ‚Pflanzung des Herrn‘, ihm zum Preise.“

Jesus las zu Beginn seines Dienstes in einem jüdischen Gottesdienst in seiner Heimatstadt Nazareth einen Teil dieser Prophetie vor und fügte hinzu: „Heute ist dieses Wort der Schrift erfüllt“ (Lukas 4, 18-21). Er war also gekommen, um die Gefangenen zu befreien, einschließlich jener, die Gefangene ihrer eigenen Komplexe waren. Er kam, um uns Freiheit zu bringen, uns zu erlösen und unsere zerbrochenen Herzen zu heilen. Er kam, um uns Schmuck zu geben im Tausch für die Bereiche unseres Lebens, die so zu Asche verbrannt sind, daß sie zu nichts mehr zu gebrauchen sind.

In Jesaja 53, 4.5 steht eine weitere Verheißung über Jesus: „Fürwahr, er trug unsere Krankheit und lud auf sich unsere Schmerzen. Wir aber hielten ihn für den, der geplagt und von Gott geschlagen und gemartert wäre. Aber er ist um unserer Missetat willen verwundet und um unserer Sünde willen zerschlagen. Die Strafe liegt auf ihm, auf daß wir Frieden hätten, und durch seine Wunden sind wir geheilt.“

Das im hebräischen Text hier gebrauchte Wort für Krankheit meint Leiden im umfassenden Sinn. Das mit Schmerzen übersetzte Wort meint auch den Kummer. Dann nennt das Bibelwort noch die Sünde, die uns trennt von Gott. Krankheit, Kummer und Sünde sind unterschiedliche Dinge und betreffen unterschiedliche Bereiche in uns, wobei jeder Bereich Heilung braucht. Wie aber können wir solche Heilung für unsere ganze Person empfangen?

Heilung des Geistes

Immer wieder wird in christlichen Gemeinden verkündigt, daß Jesus gekommen ist, um Vergebung für unsere Sünden zu bringen und damit unseren Geist neu zu beleben und zu heilen. Das ist die Grundlage für jede weitergehende Heilung in unserem Leben.

Wenn wir uns für Jesus öffnen, kommt er in unser Leben, reinigt uns von Sünde und macht uns zu Kindern Gottes. So werden wir gerettet. Nun gibt es in der griechischen Sprache für unsere beiden

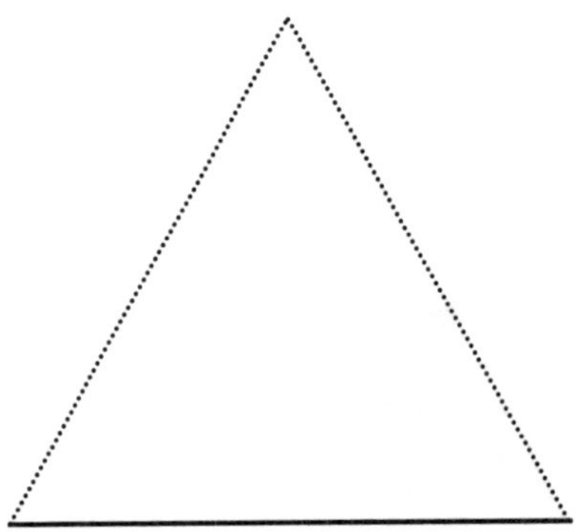

Heilung des Geistes als Grundlage für jede weitergehende Heilung

Begriffe „retten“ und „heilen“ nur das eine Wort „sozo“. Das bedeutet, daß unsere geistliche Rettung zugleich auch unsere geistliche Heilung ist. Beides ist ein einziger Vorgang.

Heilung des Leibes

Die Bibel spricht auch von körperlicher Heilung. In Jakobaus 5, 14.15 steht, daß jemand, der krank ist, die Gemeindeältesten rufen soll. Sie sollen ihn mit Öl salben, für ihn beten und einander ihre Sünden bekennen, damit er gesund wird. In vielen Ländern ist in den christlichen Gemeinden Heilung von körperlichen Krankheiten ein wichtiges Thema. Bei manchen Evangelisationen wird auf das Gebet für Kranke besonderes Gewicht gelegt. Viele Menschen erleben, daß Jesus sich auch heute noch – wie zu der Zeit, als er auf der Erde lebte – um das gesundheitliche Wohl vieler seiner Nachfolger kümmert. Das bedeutet allerdings nicht, daß jetzt schon in dieser Zeit alle unsere körperlichen Krankheiten geheilt werden. Das wird erst in der neuen Welt geschehen, wenn Gott uns einen neuen Körper gibt. – Wir wollen also für die Heilung des Leibes eine weitere Linie zu unserem Dreieck hinzufügen.

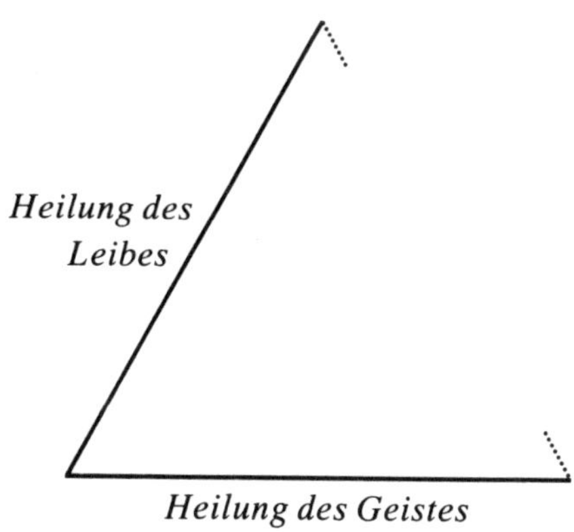

Heilung der Seele

Die Seele ist ein wichtiger Bereich der Persönlichkeit. Dennoch hört man nur selten davon, daß Jesus auch gekommen ist, um unsere Seele zu heilen. Diesen Bereich überlassen wir meist Psychologen oder Psychiatern, obwohl viele von ihnen nicht einmal Christen sind. Aber Jesus starb am Kreuz auch, um uns Heilung für unsere Seele zu bringen, und nicht nur für die Heilung unseres Körpers und Geistes. Das geht aus den Versen in Jesaja 53 hervor, die ich in diesem Kapitel anführte. Deshalb will ich nun mit einer Linie für die Heilung der Seele das begonnene Dreieck vervollständigen.

In vielen Gemeinden in Süd- und Mittelamerika, die wir kennengelernt haben, wird häufig gefastet und gebetet, wenn jemand besondere geistliche Probleme hat. Oft werden dabei auch Dämonen ausgetrieben. Wenn irgendwo Dämonen am Werke sind, müssen sie natürlich ausgetrieben werden. Aber manchmal liegen die Probleme nicht nur im geistlichen Bereich, sondern sind auch seelisch bedingt. Seelische Verletzungen können außerdem zu Eingangspforten für dämonische Mächte werden. Dann muß man sich auch um diese inneren Wunden kümmern, um die Probleme loszuwerden. Das kann geschehen, indem man die Erinnerung an den

erlittenen Schmerz zu Jesus bringt, damit er ihn heilt, und dann mit der Vergebung Jesu demjenigen vergibt, der einen verletzt hat.

Am Beginn des Kapitels führte ich an, wie Paulus für die Gemeinde in Thessalonich betete, daß Gott sie an Geist, Seele und Leib unversehrt bewahren möge. Das zeigt, daß jeder dieser drei Bereiche von Satan angegriffen werden kann.

An die Epheser schrieb Paulus: „Zürnt ihr, so sündigt nicht; laßt die Sonne nicht über eurem Zorn untergehen und gebt nicht Raum dem Teufel" (Epheser 4, 26.27). Wer also an seinem Zorn festhält, räumt Satan Einflußmöglichkeiten auf sein Leben ein.

Jedem von uns passiert das hin und wieder. Jesus war der einzige, der dem Teufel niemals Raum gab. Er sagte dazu, kurz bevor er mit den Jüngern zum Garten Gethsemane ging: „Der Fürst dieser Welt kommt. Er hat keine Macht über mich" (Johannes 14,30). Im Leben Jesu gab es nichts, was dem Fürsten dieser Welt – Satan – Macht über ihn gegeben hätte. Obwohl Jesus in allen Dingen so versucht worden ist wie wir, hat er nicht gesündigt (Hebräer 4,15). Er hatte keine Schwachstellen, durch die Satan Einfluß auf sein Leben hätte nehmen können.

Jede Form des Mißbrauchs, die ein Mensch erleidet – durch verletzende oder herabsetzende Worte, körperliche Gewalt, sexuell oder auch sozial –, besonders, wenn ihn der Mißbrauch als Kind trifft, verursacht tiefe seelische Wunden. Diese seelischen Verletzungen sind Schwachstellen, durch die der Feind mit seiner zerstörerischen Macht Einfluß auf einen Menschen gewinnen kann. Deshalb brauchen viele in diesem Bereich Befreiung.

Denkmuster

Alle Erfahrungen, gute und negative, erzeugen in unserem Verstand, einem Bereich unserer Seele, sich wiederholende Gedanken. Dabei werden elektrische Impulse zwischen den Gehirnzellen weitergeleitet und bilden so bestimmte Bahnen. Bei jedem neuen Erlebnis werden neue Bahnen erzeugt. Je öfter sich eine bestimmte Erfahrung wiederholt, desto eingefahrener werden diese Bahnen. Auf diese Weise werden aus Gedanken Denkgewohnheiten.

Unter allen Lebensbereichen läßt sich das Denken mit am schwersten unter Kontrolle bekommen. Hier spielen sich oft die härtesten Kämpfe um die Heilung ab, die Gott uns schenken möchte. Paulus schrieb an die Gemeinde in Korinth über diesen geistlichen Kampf: „Obwohl wir im Fleisch leben, kämpfen wir doch nicht auf fleischliche Weise. Denn die Waffen unseres Kampfes sind nicht fleischlich, sondern mächtig im Dienste Gottes, Festungen zu zerstören. Wir zerstören damit Gedanken und alles Hohe, das sich erhebt gegen die Erkenntnis Gottes, und nehmen gefangen alles Denken in den Gehorsam gegen Christus" (2. Korinther 10, 3-5).

Gerade in unserem Denken gibt es häufig offene Türen zum Reich der Finsternis, durch die unsere Gedanken mit Dunkel verseucht werden. Manchmal lassen sich seelische Verletzungen, geistliche Bedrückung und körperliche Probleme kaum noch voneinander trennen und müssen gleichzeitig behandelt werden. Marios Geschichte ist ein Beispiel dafür.

Mario

Mario war das jüngste von acht Kindern. Seine Eltern waren schon in fortgeschrittenem Alter, als er geboren wurde. Als er sieben Jahre alt war, starb sein Vater. Mario erinnerte sich an ihn als einen sehr strengen, oft betrunkenen alten Mann, der ihn für den allergeringsten Ungehorsam grausam schlug.

Nach dem Tod seines Vaters drehte sich sein Leben nur noch um seine Mutter. Weil Marios ältere Geschwister schon verheiratet waren, lebten Mutter und Sohn nur noch füreinander. Dann starb, als er vierzehn war, auch noch seine Mutter. Sein Zuhause war zerstört, und er hatte keinen Platz mehr, an dem er leben konnte.

Einer von Marios älteren Brüdern nahm ihn in seine Familie auf. Aber seine Schwägerin empfand ihn als Konkurrenz für ihren Sohn. Sie setzte es durch, daß Mario für sein Essen, sein Zimmer und die Versorgung bezahlen und sogar noch zu den Kosten für Elektrizität und Wasser beitragen mußte.

Mario ging also nach der Schule immer noch mehrere Stunden arbeiten, um das Geld zu verdienen, das er aufbringen mußte, um bei seinem Bruder leben zu dürfen. Weil er keine Zeit mehr hatte, um zu lernen und seine Hausaufgaben zu machen, wurden seine Schulleistungen immer schwächer. Das diente seiner Schwägerin zum Anlaß, ihm immer und immer wieder zu sagen, wie dumm er sei. Niemals würde er etwas erreichen. Verglichen mit ihrem Sohn sei er einfach überhaupt nichts wert. Mario wurde immer bedrückter. Was er auch tat – nichts fand ihre Billigung.

Nach einigen Monaten merkte Mario, daß sein sauer verdientes Geld nachts aus seinen Hosentaschen verschwand. Plötzlich beschwerte sich seine Schwägerin bei ihrem Mann, Mario habe ihr seit Monaten kein Geld mehr für den Unterhalt gegeben. Weil er ihr alles bar bezahlt hatte, konnte er nicht beweisen, daß sie log. Aber sein Bruder glaubte ihr, und so mußte Mario ihr Haus verlassen.

Kurz nach dem Tod seiner Mutter hatte Mario in einer nahegelegenen Kirche von Jesus gehört und ihn als seinen Herrn in sein Leben aufgenommen. Nun, als er nicht wußte, wo er bleiben konnte, bat er in dieser Kirche um Hilfe. Der Pastor sah sich außerstande, ihn mit zu sich nach Hause zu nehmen, aber er erlaubte ihm, in der Kirche zu bleiben und dort zu schlafen.

Mario war ganz allein. In der Kirche gab es nichts als den Zementfußboden und die Bänke. Es war Winter, und er hatte kein Bettzeug und keine Decken. Er fühlte sich elend, ausgestoßen und unerwünscht. Nirgends auf der Welt gab es Hilfe für ihn. Er fror in den Nächten und versuchte, von kaltem Essen zu leben. Seine Depression wurde immer schlimmer. Er fühlte sich von dämonischen Mächten geplagt. Da seine Schwägerin tief in den Spiritismus verwickelt war, dachte er, sie könnte einen Fluch auf ihn gelegt haben. Langsam beschlich ihn die Angst, verrückt zu werden.

Nach einiger Zeit sagte der Pastor, er könne nicht mehr in der Kirche bleiben. Mario fühlte sich noch verlassener. Nun lebte er immer nur für kurze Zeit bei einem seiner Brüder oder einer Schwester. Niemand wollte ihm ein bleibendes Zuhause geben. Zu seinem tiefen Schmerz und dem beständigen Gefühl, abgelehnt und ausgestoßen zu sein, kamen nun noch Groll und Haß seinen Geschwistern und besonders jener Schwägerin gegenüber. Schließlich mußte Mario Medikamente nehmen, um einen totalen seelischen Zusammenbruch zu verhindern.

Während dieser ganzen Zeit blieb Mario in Kontakt mit seiner Kirche. Tief in sich hatte er ein starkes Verlangen, Gott näherzukommen. In der Jugendgruppe lernte er dann Marga kennen, eine junge Christin. Sie schien durch sein inneres Durcheinander hindurch den eigentlichen Mario zu erkennen. Ihre Freundschaft wuchs und Mario war glücklich, daß er nun endlich jemanden gefunden hatte, dem er vertrauen konnte und der ihn liebte. Sein Leben bekam wieder einen Sinn. Ein Jahr später heirateten sie und zogen in eine Großstadt.

Jetzt hatte Mario wieder ein Zuhause. Nun folgten gute Jahre. Als er einmal seine Arbeitsstelle verlor, fand er bald eine neue. Die beiden Kinder, die sie bald bekamen, machten ihnen viel Freude. Mario und Marga liebten den Herrn und waren in einer lebendigen, wachsenden Gemeinde aktiv.

Während all dieser Jahre nahm Mario Medikamente, damit seine Gefühle nicht außer Kontrolle gerieten. Diese Tabletten machten ihn aber auch müde. Es fiel ihm schwer, zur Arbeit zu gehen und dort wach zu bleiben. Wenn er aber versuchte, die Dosis zu reduzieren, hatte er das Gefühl, sein Gehirn würde in einen Schraubstock gezwängt. Gedanken, die ihn herabsetzten, bombardierten unaufhörlich seinen Verstand. Die Erinnerung an die Jahre des Ausgestoßenseins und die Haßgefühle überwältigten ihn fast.

Eines Tages entschloß sich Mario, alle Medikamente abzusetzen und darauf zu vertrauen, daß Gott alles, was folgen würde, in der Hand habe. Nun waren seine Gefühle nicht mehr gedämpft. Er wurde so von Wahngedanken gepeinigt, daß er es nicht lange bei seiner Arbeit aushielt. Alle schienen gegen ihn zu sein. Kaum war er morgens zur Arbeit gekommen, da mußte er schon auf die Toilette fliehen, um Gott zu bitten, seine Gedanken zu bändigen und ihn zu schützen. Wenn er dann nochmals kurze Zeit versucht hatte, sich auf das zu konzentrieren, was er tat, mußte er schon wieder fliehen. Weil Mario sonst immer hervorragend gearbeitet hatte und verantwortungsbewußt gewesen war, entließ ihn sein Chef nicht kurzerhand, sondern akzeptierte seine Krankmeldung.

Marios innere Qualen wuchsen und wuchsen, bis er die meisten Stunden seiner Tage und Nächte im Gemeindehaus zubrachte, wo er Gott um Befreiung von seiner Todesangst anflehte. Andere

Gemeindeglieder standen ihm im Gebet bei und kämpften um seine Befreiung. Mario wurde von vielen Finsternismächten befreit. Nach zwei Monaten beständigen Kampfes ging es ihm etwas besser, aber seine Qual war noch immer nicht vorüber.

Zu jener Zeit führte seine Kirche eine Wochenendfreizeit durch, bei der es um die Heilung seelischer Verletzungen ging. Ich wußte nichts von der ganzen Geschichte, als ich während dieser Freizeit Mario und Marga begegnete. Während der Gebetszeit leitete ich eine Gruppe an, ihre seelischen Verletzungen zu Jesus zu bringen. Am Ende der Freizeit sagte Mario mir, daß er viele schmerzhafte Erinnerungen zu Jesus gebracht hatte. Jener Schraubstock, der sein Gehirn im Griff hatte, schien seinen Druck vermindert zu haben.

Einige Wochen später kam Mario zur Beratung in meine Praxis. Obwohl er sich besser fühlte, quälten ihn noch immer Tag und Nacht die Gedanken an das, was ihm seine Geschwister und besonders jene Schwägerin angetan hatten. Er erinnerte sich auch daran, wie sein Vater ihn als kleinen Jungen einmal grausam geschlagen hatte, obwohl er keine Strafe verdient gehabt hatte. An diesem Tag brachten wir diese Verletzungen zu Jesus und verschlossen die Türen, die in Marios Leben zum Reich der Finsternis hin geöffnet worden waren.

Als Mario in der folgenden Woche wiederkam, war er immer noch so nervös, daß er nicht eine einzige Minute stillsitzen konnte. Er war ständig in Bewegung. Und seine Gedanken gingen noch immer wild im Kreis herum.

„Mario“, sagte ich, „du mußt zu einem Psychiater gehen, damit er dir Medikamente verschreiben kann, die dein Denken beruhigen. Wir kommen nicht weiter, wenn deine Gedanken sich derart überschlagen. Du mußt etwas zur Ruhe kommen.“

„Nein, das will ich nicht“, antwortete er. „Ich will ganz auf Gott vertrauen. Ich möchte nicht wieder diese Medikamente nehmen.“

„Ich kann verstehen, wenn du dich nicht wieder so benommen und mit Drogen vollgestopft fühlen willst“, antwortete ich. „Du hast gebetet und willst darauf vertrauen, daß Gott dich heilt. Es stimmt ja auch, daß Gott deinen Körper wiederherstellen will. Aber bis jetzt hat er kein Wunder an dir getan. Wenn du später dieses Wunder erlebst, kannst du die Medikamente auch wieder weglassen. Aber vielleicht wird dieses Wunder nicht geschehen, bevor du im Himmel deinen neuen Körper empfängst. Dort wirst du jedenfalls mit Sicherheit keine Medikamente mehr brauchen."

„Aber es ist ein schlechtes Zeugnis, wenn Kinder Gottes Medikamente brauchen", wandte Mario ein.

„Manche Leute behaupten das. Aber meinst du, daß du jetzt, wo die Funktionen in deinem Gehirn so durcheinandergeraten sind, daß du beinahe durchdrehst, ein besseres Zeugnis von der heilenden Kraft Gottes abgibst? Deine seelischen Qualen – verherrlichen die Gott? Es gibt auch Medikamente, die nicht so benommen und müde machen. Wenn dein Körper durch diese Medizin wieder normal funtioniert, dann können wir deinen Schmerz und deinen Kummer zu Jesus bringen, damit er dich heilt. Laß uns dafür beten, daß Gott den Psychiater leitet und er dir die Medikamemte verschreibt, die am besten für dich sind. Auch das ist Vertrauen auf Gott."

In der nächsten Woche ging Mario zu einem Psychiater, um sich Medikamente verschreiben zu lassen. Wegen der Weihnachtsferien sah ich ihn erst nach einem Monat wieder. Entspannt saß er vor mir. Seine Gedanken waren klar und geordnet. Die neuen Medikamente, die der Psychiater ihm gegeben hatte, hatten sein Denken beruhigt, ohne ihn benommen zu machen.

Nun konnte Mario mir die Geschichte seines Lebens erzählen und von seinem Haß gegen seine Familie sprechen. Gemeinsam brachten wir ein schmerzvolles Erlebnis nach dem anderen zu Jesus, damit er es heilte. Wenn Mario nicht vergeben konnte, akzeptierte er diese Wahrheit: „Jesus, ich habe in mir keine Vergebung, die ich diesem Menschen geben könnte. Bitte, fülle mich mit deiner Vergebung. Ich entschließe mich jetzt, deine Vergebung meinem Bruder (meiner Schwester, meiner Schwägerin ....) weiterzugeben. Mit der Vergebung Jesu vergebe ich, was sie mir angetan haben."

So vergab Mario seinem Vater, seinen Geschwistern, dem Pastor und seiner Schwägerin. Im Namen Jesu durchbrach er die Flüche, die seine Schwägerin auf ihn gelegt hatte, und bat um Segen von Gott für die Bereiche in ihm, die unter einem Fluch gelegen hatten.

Sechs Wochen später konnte Mario seine Arbeit wieder aufnehmen. Zuerst hatte er einen schweren Kampf gegen seine alten

Gedanken auszufechten. Aber langsam lernte er, die Autorität zu gebrauchen, die Jesus ihm verliehen hatte, und so die negativen Gedanken zurückzuweisen, die ihm einflüsterten, die anderen seien gegen ihn und dächten schlecht über ihn.

Schritt für Schritt lernte er, zu unterscheiden zwischen schmerzhaften Erinnerungen, für die er Heilung brauchte, und zwanghaften Gedanken, die er zurückweisen mußte.

„Wenn ich mich an Dinge erinnere, die ich noch nicht zu Jesus gebracht habe, dann weiß ich, daß ich an dieser Stelle Heilung brauche. Aber manchmal kommt mir auch etwas in den Sinn, was ich ihm schon gebracht habe. Und dann frage ich mich, ob ich es auch richtig gemacht habe oder ob ich es noch einmal tun muß. Aber inzwischen weiß ich, daß das eine Versuchung ist, die ich im Namen Jesu rauswerfen muß. Früher wußte ich einfach nicht, wie ich mit meinen Gedanken fertigwerden sollte. Nun nimmt endlich der Druck in meinem Kopf ab."

Mario mußte auch lernen, mit den Begrenzungen seines Körpers umzugehen. Weil seine Gemeinde sehr schnell wuchs, drängte der Pastor ihn und seine Frau Marga, an drei bis vier Abenden pro Woche in der Gemeinde mitzuhelfen und zusätzlich noch bei zwei bis drei Gottesdiensten am Sonntag. Marios Körper hielt dieses Tempo nicht durch. Er mußte jeden Tag früh um vier aus dem Bett und deshalb auch früh schlafen gehen. Trotzdem fühlte er sich schuldig, wenn er den Erwartungen seines Pastors nicht gerecht wurde.

„Er ist mein Pastor", sagte er mir immer wieder, „und in der Bibel steht, daß ich ihm gehorchen soll."

„Du sollst ihm gehorchen, wenn es um eine Frage deines Wachstums im Glauben geht", antwortete ich ihm. „Aber wenn du körperlich zusammenbrichst, kannst du überhaupt nicht mehr zur Kirche gehen. Du hast dir deinen Körper nicht selbst ausgesucht. Daß deine Kräfte so begrenzt sind, ist eine Folge davon, daß du ein Mensch bist, der nicht mehr im Paradies lebt. Du mußt deine Grenzen anerkennen und mit ihnen leben und so Gott verherrlichen. Das kannst du nicht, wenn du deine Grenzen fortwährend überschreitest, weil dein Pastor mehr Einsatz von dir erwartet. Wenn du später wieder mehr verkraftest als jetzt, dann werden wir gemeinsam Gott dafür preisen. Doch schon jetzt kannst du anderen erzählen, was für eine wunderbare Wandlung Gott in dir bewirkt hat. Außerdem habt ihr als Familie eine schwere Zeit durchgemacht. Vielleicht will Gott dir klarmachen, daß du mehr Zeit zusammen mit deiner Frau und euren Kindern zu Hause verbringen solltest."

Marga war während der zwei Umbruchsjahre in ihrer Familie sehr stark gewesen. Aber nun, wo die Anspannung nachließ, brach sie fast zusammen. Sie merkte auf einmal, daß sie sehr, sehr müde und erschöpft war. Nun mußte sie für mehr als ein Jahr alle ihre Aktivitäten drastisch beschränken, damit sie sich körperlich von der ungeheuren Beanspruchung erholen konnte, die hinter ihr lag.

Einige Jahre später erzählte mir Mario, daß er unter der Kontrolle seines Arztes seine Medikation reduziert hatte. Ob er jemals ganz ohne Medikamente auskommen wird, ist noch nicht abzusehen.

„Gott ist so gut zu mir gewesen", sagt Mario heute. „Er hat meine Verletzungen geheilt und mich von meinen Bindungen befreit. Wenn ich Medikamente nehmen muß, damit mein Körper richtig funktioniert, dann will ich Gott für diese Tabletten danken. Ich wäre natürlich überglücklich, wenn er mich eines Tages auch davon befreite. Ich bin ein anderer Mensch geworden. Die Leute sagen, daß ich ein Wunder bin. Meine Angehörigen können kaum fassen, was sie bei mir sehen und erleben. Sie sagen, wenn Gott so etwas vollbringt, dann kann er wirklich alles."

Gedanken unterscheiden

Es ist gar nicht so leicht zu unterscheiden, welche unserer Gedanken wir annehmen und welche wir zurückweisen sollten. Immer wieder stehen wir vor der Frage, ob ein bestimmter Gedanke von Gott ist oder aus unseren eigenen Vorstellungen und Wünschen stammt oder aber ein zwanghafter Gedanke ist, der wie eine Versuchung zurückgewiesen werden muß. Um den Ursprung unserer Gedanken besser erkennen zu können, wollen wir uns im nächsten Kapitel näher damit befassen, wie Gott zu uns spricht.

Kapitel 3:
Die Stimme Jesu vernehmen

Wer Christ ist, weiß, daß Gott sich ihm mitteilen will. An vielen Stellen der Bibel wird das bezeugt. So in Römer 8,16: „Der Geist selbst gibt Zeugnis unserm Geist, daß wir Gottes Kinder sind." Oder in Johannes 10,3.4.27, wo Jesus sagt, daß seine Schafe – womit seine Jünger gemeint sind – seine Stimme hören. Er ruft sie beim Namen, und sie kennen seine Stimme und folgen ihm.

Gott wünscht sich sehr, sich seinen Kindern verständlich zu machen. Und auch wir sehnen uns im Grunde danach, ihn sprechen zu hören. Doch viele Christen haben nicht die entfernteste Idee, wie sie Gottes Stimme wahrnehmen können. Manche haben auch Angst davor, auf Gott zu hören, weil sie denken, daß er sie ausschimpfen oder mit unerfüllbaren Forderungen belasten könnte. Doch was Gott sagt, bringt uns Frieden, Trost und Leitung.

Die Frage ist: wie hören wir seine Stimme, besonders, wenn es um konkrete Leitung in bestimmten Fragen geht? Roger, von dem ich jetzt erzählen will, betete beständig um Gottes Führung. Aber er war fest überzeugt, daß er Gottes Stimme nicht wahrnehmen könne, daß Gott nie zu ihm persönlich sprach. Er konnte sich nicht vorstellen, Gott könne zu ihm sprechen.

Roger

Roger wollte in jeder Lebenslage Gottes Führung folgen. Er wußte, daß Gottes Wege für ihn letztlich am besten waren, aber er hatte Schwierigkeiten, Gottes Leitung zu erkennen. Vor jeder größeren Entscheidung betete Roger, aber weil er nie genau herausfinden konnte, was Gott nun wirklich wollte, tat er am Ende immer irgend etwas, das Gott seiner Meinung nach von ihm erwartete. Manchmal führte das zu verheerenden Situationen.

In der Bibel steht, daß Gottes Kinder in dieser Welt Verfolgung leiden müssen. Für Roger ergab sich daraus, daß Gott in jeder Situation selbstverständlich die unangenehmste Lösung von ihm erwartete. Wenn er zwischen etwas Gutem und etwas Nachteiligem zu wählen hatte, suchte er sich, um Gott gehorsam zu sein, immer das Schlechte aus. Doch gleichzeitig rebellierte er innerlich dagegen. Warum war Gott so hart zu ihm? Warum antwortete Gott ihm nicht, wenn er ihn um Führung bat? Warum wollte Gott, daß er immer nur das Schlechteste bekam?

Nun brauchte Roger ein neues Auto. Welchen Wagen sollte er kaufen? In der Vergangenheit hatte er stets alte „Schätzchen" gekauft, weil sie weniger kosteten und weil er meinte, dies seien nach Gottes Willen die richtigen Autos für ihn. Doch immer wurden nach einiger Zeit die Reparaturen so teuer, daß er den Wagen nicht mehr halten konnte. Und dann war Roger ärgerlich auf Gott, weil der nicht für seine Bedürfnisse sorgte.

Nun lag Rogers Rostlaube in ihren letzten Zügen, und er überlegte, was für ein Auto er diesmal anschaffen wollte. Gern hätte er ein neues Auto gekauft, bei dem die Unterhaltskosten nicht so hoch waren, und er hatte auch genug Geld dafür. Aber er wollte sichergehen, ob das auch Gottes Wille war.

„Hast du Gott gefragt, ob er will, daß du dir das neue Auto kaufst?" fragte ich ihn.

„Natürlich", sagte er, „ich frage ihn immer nach allem."

„Und was hat er dir geantwortet?"

„Ich weiß nicht", gab er ärgerlich zurück. „Gott antwortet mir nicht. Er sagt mir nie, was er von mir will."

„Also, was hast du ihn gefragt?" wollte ich wissen. „Wie hast du gebetet?"

„Ich habe ihn gefragt, ob ich das neue Auto kaufen soll."

„Wirklich? Mit genau mit diesen Worten? Laß uns zusammen beten und ihn noch einmal fragen."

Roger fing an: „Herr, aufgrund des Versöhnungswerkes Jesu möchte ich in deine Gegenwart treten, denn ich habe so viele Bedürfnisse. Herr, du bist Gott. Du weißt alle Dinge, die geschehen. Du kennst alle meine Bedürfnisse und weißt alles, worüber ich mir Gedanken mache. Bitte sorge du für meine Bedürfnisse. Ich will dir danken, daß du dich so um mich kümmerst. Ich will dir danken, daß du so gut und großzügig bist und mir alles gibst, was ich brauche. Amen."

„Worum hast du Gott jetzt gebeten?" fragte ich jetzt Roger.

„Ich habe ihn gebeten, für meine Bedürfnisse zu sorgen."

„Und was ist mit deinem Auto?"

„Was meinst du damit: ‚Und was ist mit deinem Auto'?" fragte Roger irritiert und leicht gereizt.

„Du wolltest doch Gott fragen, ob er will, daß du dir ein neues Auto kaufst. Ich habe nicht gehört, daß du ihn danach gefragt hast."

„Naja, ich habe es so gemeint. Kann sein, daß ich nicht genau diese Worte gesagt habe, aber Gott weiß ja, was ich meine."

„Oh, ich bin mir ganz sicher, daß Gott weiß, was du gemeint hast. Aber ich bin mir nicht sicher, daß er dir seine Antwort überhaupt verständlich machen kann, wenn du dich nicht traust, ihn ganz offen nach dem zu fragen, was du wissen willst."

„Also, was soll ich jetzt tun? Einfach fragen: ‚Gott willst du, daß ich mir dieses neue Auto kaufe?'"

„Genau. Warum solltest du ihn nicht so fragen dürfen?"

„Naja", zögerte Roger, „dann wäre ich aber ziemlich präzise."

„Stimmt. Auf diese Weise kämen wir mit dem weiter, was du wissen willst. In der Bibel steht, daß wir mit Zuversicht zum Thron der Gnade hinzutreten sollen, damit wir Barmherzigkeit und Gnade finden, wenn wir Hilfe brauchen (Hebräer 4,16). Gott sagt uns auch, daß wir, wenn uns Weisheit fehlt, ihn darum bitten und erwarten sollen, sie auch zu bekommen (Jakobus 1,5-8). Was würdest du denken, wenn du eines Abends nach Hause kämst und dein kleiner Sohn sagte zu dir: ‚Oh Vater, du bist so gut und weise. Du weißt, was ich alles brauche. Bitte gib mir, was ich brauche.' Würdest du dich nicht fragen, warum er sich so seltsam verhält?"

„Ja, natürlich. Aber ich komme ja nicht zu mir. Ich komme zu Gott, der alles weiß. Und das ist ein Unterschied."

„Aber Gott möchte, daß wir so zu ihm kommen, wie ein vertrauensvolles Kind. Bete noch einmal und frage ihn einfach: ‚Gott, welches Auto soll ich mir kaufen?'"

Nach langem Zögern und viel Gestotter und Gestammel schaffte Roger es endlich, zu beten: „Gott, bitte sag mir oder laß mich irgendwie wissen, welches Auto ich kaufen soll."

„Und wie sagt dir Gott jetzt, was er von dir will?“ fragte ich Roger anschließend.

„Ich habe nicht die geringste Idee“, antwortete er. „Ich höre nie, wie Gott mir etwas sagt.“

„Überleg doch mal, wie Gott dir etwas so mitteilen könnte, daß du wüßtest, es ist von ihm. Müßte er einen Baum fällen, ihn auf deinen Kopf werfen, damit du auf ihn aufmerksam wirst, und dann schreien: ‚He, Roger, ich bin Gott. Ich versuche, zu dir hindurchzudringen, um dein Gebet zu beantworten‘? Wie könnte er dir seine Weisheit zukommen lassen? Wie könnte Gott dir so begegnen, daß du verstündest, wie er zu dir spricht?“

„Ich weiß nicht“, sagte Roger nachdenklich. „Ich habe auch noch nie darüber nachgedacht. Aber ich glaube, ich könnte verstehen, daß er es ist, wenn innerlich ruhig wäre, er mir Frieden gäbe.“

„Frieden worüber? Frieden darüber, das neue Auto zu kaufen beziehungsweise nicht zu kaufen?“

„Ja. Wenn er mir Frieden darüber gäbe, das neue Auto zu kaufen, dann könnte ich glauben, daß es ihm recht ist.“

„Gut. Dann sage Gott das. Sag ihm: ‚Ich konnte immer nicht verstehen, was du mir sagen wolltest. Aber wenn du mir jetzt Frieden darüber gibst, dieses neue Auto zu kaufen, dann will ich akzeptieren, daß du mir sagst, ich soll es kaufen. Wenn du mir Frieden darüber gibst, den alten Wagen zu kaufen, akzeptiere ich, daß du mir sagst, ich soll ihn nehmen. Ich möchte hören, was du mir sagst.“

Als Roger das nächste Mal zu mir kam, war er sich immer noch nicht sicher, was Gott nun von ihm wollte. „Ich fühle Frieden darüber, das neue Auto zu kaufen, aber ich bin doch nicht ganz sicher, daß das Gottes Wille sein könnte.“

„Warum sollte das denn nicht Gottes Wille sein?“ fragte ich.

„Gott sagt in seinem Wort, daß wir in diesem Leben leiden müssen.“

„Ja, Jesus sagte das. Aber er sprach darüber, daß wir wegen unseres Glaubens leiden müssen. Leidest du für deinen Glauben, wenn du ein altes Auto kaufst? Du willst ja keine luxuriöse Karosse, weil alle deine Freunde so ein Auto fahren. Es geht dir doch nur darum, einen Wagen zu kaufen, der dir hilft, die Aufgaben zu erfüllen, die Gott dir aufgetragen hat. Wenn du meinst, du müßtest als Christ immer nur leiden, dann reißt du das Wort Jesu aus dem

Zusammenhang. Die Bibel spricht ja auch davon, daß wir gute Haushalter der Dinge sein sollen, die Gott uns gibt. Bist du so ein guter Haushalter, wenn du dir diese alten ‚Schätzchen' kaufst, für die du dann so viele Reparaturen bezahlen mußt?"

„Nein. Das ist mir vor kurzem selbst klar geworden. Hier war ich kein guter Haushalter. Aber ich kann mir nicht vorstellen, es könnte Gottes Wille sein, daß ich ein neues Auto habe."

„Warum eigentlich nicht, wenn er dir doch einen Job gegeben hat, in dem du ein gutes Auto brauchst? Könnte es sein, daß du das Gefühl hast, das wäre einfach zu gut für dich? Für jedem anderen würde Gott ein neues Auto vorsehen, aber nicht für dich?"

„Ja", sagte Roger nach kurzem Nachdenken. „Das ist es wohl. Als Kinder haben wir nie neue Sachen bekommen. Wir kriegten immer nur abgelegte Kleidung von anderen Kindern. Wenn ich mich darüber beschwerte, schimpfte meine Mutter, ich sei undankbar. Sie sagte immer, wir sollten dankbar sein für alles, was Gott uns gibt, weil es für uns gut wäre, leiden zu lernen."

„Anders ausgedrückt hat sie dir beigebracht, daß alles, was von Gott kommt und gut für dich ist, Leiden bedeutet. Und wenn du dich über irgendetwas wirklich freust, könne es nicht gut für dich sein. Aber in Jakobus 1,17 steht, daß Gott gute Gaben gibt. Könnte es sein, daß Gott sich müht, dir etwas Gutes zu geben, aber damit fast nicht bei dir ankommen kann? Als du letzte Woche hier warst, hast du Gott gesagt, du würdest verstehen, daß du dieses neue Auto kaufen sollst, wenn er dir darüber Frieden gäbe. Mir scheint, daß er dir diesen Frieden gegeben hat. Willst du das annehmen?"

An diesem Tag beteten wir dafür, Gott möge diesen Frieden noch bestärken, denn Roger begann diesen Frieden schon etwas zu spüren, wenn er an den neuen Wagen dachte. Damit Roger das auch klar erkennen konnte, beteten wir noch weiter, Gott möge alle Einzelheiten gelingen lassen, wenn Roger sich nun wirklich dieses Auto kaufte.

In der nächsten Woche kam Roger in seinem neuen Auto zu mir, und er platzte fast vor Freude. „Ich kann fast noch nicht glauben, daß ich diesen tollen Wagen wirklich habe", sagte er. „Ich konnte mit Gott überhaupt nicht darüber reden, so sicher war ich, es könne nicht sein Wille sein, daß ich ein neues Auto bekomme. Ich habe nicht einmal sein ‚Ja' mitbekommen, als er versuchte, es mich wissen zu lassen. Jetzt danke ich ihm jedesmal, wenn ich den neuen Wagen fahre. Ich betrachte ihn als ein schönes, großzügiges Geschenk von meinem himmlischen Vater."

Die Armut, die Roger in seiner Kindheit erlebt hatte, und der Mangel an Mitgefühl und Verständnis hatten seine Vorstellungen darüber geprägt, was Gott ihm geben wollte. Deshalb wagte er gar nicht erst, seine Wünsche auszusprechen und zu fragen, was Gottes Wille für ihn war. Und weil Gott nicht so antwortete, wie Roger es erwartete, konnte er ihn nicht verstehen. Seine Erwartungen blockierten jede Antwort, die Gott ihm geben wollte.

Andere Christen, wie zum Beispiel Grete, von der ich als nächstes erzählen will, haben solche Angst vor dem, was Gott ihnen sagen könnte, daß sie gar nicht erst versuchen, auf ihn zu hören. Deshalb kann er ihnen nicht antworten, und dann – so folgern sie – sind sie Gott auch nicht ungehorsam. Er habe ja nicht nein gesagt.

Grete

Grete wollte nach ihrem Collegeabschluß wieder zu Hause wohnen. Aber dort war die Situation so chaotisch, daß Freunde ihr rieten, ihr Vorhaben noch einmal zu überdenken.

„Hast du Gott gefragt, was er von dir will?" erkundigte ich mich, als sie das mit mir besprach.

„Nein, das kann ich ihn nicht fragen", antwortete sie.

„Warum nicht?" fragte ich. „Er will nur das Beste für dich und für deine Familie."

„Mag ja sein. Aber wenn er mir nein sagt, was dann?"

„Nun, dann hättest du deine Antwort. Du wüßtest dann, daß es für dich oder für deine Familie nicht gut ist, wenn du wieder nach Hause gehst. Und dann könntest du dich darauf konzentrieren, herauszufinden, was Gott statt dessen von dir möchte."

„Du verstehst mich genau so wenig wie die anderen", weinte Grete. „Ich muß nach Hause gehen. Ich habe keine Wahl."

„Wenn das wirklich so ist, Grete, dann kannst du doch ganz ruhig sein. Denn dann wird Gott dir sagen, du sollst nach Hause zurückgehen. Und dann kannst du das auch tun in der Gewißheit, daß er mit seinem Segen bei dir ist. Wenn du ihn aber gar nicht erst fragst und es dann Probleme gibt – und das wird früher oder später überall geschehen, ganz gleich, wo du hingehst –, dann kannst du nicht zu Gott gehen und ihm sagen: ‚Gott, ich weiß, daß du mich hierher geschickt hast. Wie soll ich nun mit diesen Schwierigkeiten umgehen?' Denn du wärest ja nie ganz sicher, ob du an dem Platz bist, wo Gott dich haben will."

„Aber wenn ich ihn nun frage und er sagt nein, dann würde ich ihm ungehorsam, weil ich nach Hause zurückgehen muß. Dann ist er ärgerlich über mich. Ich wollte gehen, ohne ihn groß gefragt zu haben. Dann kann er mir gar nicht böse sein, weil er mir dann ja nicht gesagt hat, daß ich nicht zurückziehen soll."

Grete konnte sich einfach nicht vorstellen, daß es in ihrer Situation noch andere Lösungen gab als die, die sie überblicken konnte. Vertrauensvoll zu akzeptieren, daß Gott entweder ihre Rückkehr nach Hause befürworten und sie auf diesem Weg dann auch segnen würde, oder aber für eine ganz andere Möglichkeit sorgen würde, das war ihr nicht möglich. Gott ähnelte in ihrer Vorstellung ihren Eltern, denen sie auch nicht vorbehaltlos vertrauen konnte.

Grete brauchte Heilung für ihre emotionalen Wunden, bevor sie wagen konnte, auf Gott zu hören. Schritt für Schritt brachte sie ihre seelischen Verletzungen zu Jesus, damit er sie heilen konnte.

Eines Tages schlug ich ihr vor: „Stell dir vor, du wärst eins von diesen kleinen Kindern in Galiläa zu der Zeit, als Jesus dort umherzog. Male dir vor Augen, wie er da sitzt und wie du voller Vertrauen zu ihm läufst. Es muß etwas an Jesus gegeben haben, das die Kinder so mächtig anzog, daß sie fröhlich zu ihm liefen, obwohl die Jünger versuchten, sie wegzuschicken.

Nun stell dir also vor, wie du zu Jesus läufst, auf seinen Schoß krabbelst und dich in seine Arme schmiegst, wie du deinen Kopf an seine Schulter lehnst, in seine Augen schaust und wie du mit ihm sprichst und ihm zuhörst. Was sagt er dir?"

Manche Leute können sich so etwas nicht vorstellen. Grete aber sah sich, wie sie sich in Jesu Arme schmiegte. Doch kurz nachdem sie sich da so richtig bequem niedergelassen hatte, sagte sie: „Nun muß ich aber wieder heruntergehen von seinem Schoß."

„Warte“, sagte ich. „Warum solltest du? Er liebt dich so sehr und möchte, daß du bei ihm bleibst.“

Grete sah sich, wie sie sich noch einmal für kurze Zeit niederließ, dann sagte sie: „Nun muß ich aber wirklich wieder gehen. Jemand anders braucht diesen Platz nötiger als ich.“

„Nein, Grete“, versicherte ich ihr. „Dieser Platz ist ganz für dich allein. Alle anderen haben ihren eigenen Platz. Niemals mußt du deinen Platz für jemand anders freimachen.“

„Aber jetzt muß ich doch runtergehen“, erklärte Grete kurze Zeit später. „Ich muß jetzt wirklich an meine Arbeit gehen.“

„Grete“, bekräftigte ich nochmals, „du kannst wirklich in den Armen Jesu bleiben. Du kannst deine Aufgaben erfüllen, während du ganz sicher in seinen Armen ruhst.“

Aber Grete mußte von seinem Schoß herunter. Sie konnte es nicht aushalten, noch länger in Jesu Armen zu bleiben, obwohl sie sich nach seiner Liebe und seinem Schutz sehnte.

Grete hatte drei ältere Geschwister von ausgeprägtem Charakter und noch eine jüngere Schwester, die, wie ihre Mutter sagte, „so süß war, das man ihr alles verzeihen mußte und sie immer nur drücken und küssen konnte“.

Die stille Grete, die sich Anerkennung erhoffte, wenn sie folgsam war und sich für die anderen einsetzte, war zwischen diese Brüder und Schwestern dazwischengequetscht. Immer schienen die Bedürfnisse der anderen nach Beachtung und Zuwendung wichtiger zu sein als ihres. Und stets gab es etwas, das dringender war, als sich um sie zu kümmern. Nie schien Zeit oder Raum für sie übrig zu bleiben. Sie mußte erst viel Heilung für diese schlimmen seelischen Verletzungen in ihrer Vergangenheit erfahren, ehe sie sich wohl dabei fühlen konnte, auf Jesu Schoß sitzen zu bleiben und nur auf das zu hören, was er ihr sagen wollte.

Gott möchte uns in unseren Entscheidungen leiten. Wie können wir aber unterscheiden, ob wir etwas von Gott hören, oder ob wir nur unseren eigenen Vorstellungen und Wünschen folgen? Im nächsten Kapitel werde ich sechs Fragen vorstellen, die uns helfen können herauszufinden, welche Entscheidung vor Gott richtig ist.

Kapitel 4: Gottes Orientierungszeichen

Gott will mit uns sprechen. Was er uns sagt, müssen wir jedoch irgendwie mit unserem Verstand aufnehmen, denn nur auf diesem Wege wird für uns etwas faßlich. Wir gebrauchen unseren Verstand aber auch, um unsere eigenen Gedanken zu denken, und – was die Sache noch schwieriger macht – auch Versuchungen nehmen wir mit unserem Verstand wahr. Deshalb fällt es uns so schwer auseinanderzuhalten, wo unsere Gedanken herkommen.

Nehmen wir einmal an, jemand sagt, er habe für uns eine Botschaft von Gott. Er nennt es vielleicht ein Wort oder eine Prophetie. Wie können wir erkennen, ob diese „Prophetie" von Gott ist? In anderen Situationen mögen wir „fühlen" oder „spüren", daß Gott von uns etwa Bestimmtes möchte, oder wir mögen „hören", wie Gott uns etwas sagt. Manchmal kommt uns ein bestimmter Gedanke immer wieder, wir sollten eine Sache tun oder unterlassen, etwas sagen oder nicht sagen. Woher sollen wir wissen, ob diese Gedanken von Gott kommen, ob es unsere eigenen Gedanken sind oder ob sie eine Versuchung sind?

Vor dieser Frage stand eines Sonntagmorgens ein Pastor, der sich vor Beginn des Gottesdienstes zum Gebet zurückgezogen hatte. Da kam ihm wie ein Blitz aus heiterem Himmel der Gedanke: „Schicke einen Scheck über ... DM an Frau ..." Der Betrag war klar, ebenso der Name der Frau und ihre Anschrift. Der Pastor hatte nie von dieser Frau gehört, und so schob er alles beiseite, wobei er sich wunderte, was ihm da passiert sei. Aber der Gedanke kam eindringlich wieder: „Schicke einen Scheck über ... DM an Frau ...!"

„Herr", betete der Pastor, nachdem sich das ein paar Mal wiederholt hatte, „wenn dies von dir ist, dann schicke ich den Scheck. Aber ich muß sicher sein, ob ich mir nicht etwas einbilde. Wenn das ein Gedanke von dir ist, dann laß die Gemeindeältesten dem zustimmen, wenn ich jetzt mit ihnen darüber spreche."

Der Pastor rief zwei Gemeindeälteste und erzählte ihnen, was er

„gehört“ hatte. Beide stimmten zu, daß sie den Scheck abschicken sollten. Ungefähr zwei Wochen später bekamen sie einen Dankesbrief von der Frau, deren Namen der Pastor erst in der Eingebung gehört hatte. Durch Krankheit und Arbeitslosigkeit war sie in einer verzweifelten Situation. Hätte sie in jener Woche nicht die aufgelaufenen Mietkosten beglichen, hätte sie ihre Wohnung verloren.

An diesem Sonntagmorgen hatte sie sich im Gebet auf das Versprechen Gottes berufen, er werde für alle ihre Bedürfnisse sorgen, obwohl sie keine Idee hatte, was er tun könnte. Auf dem Scheck, den sie erhalten hatte, stand genau der Betrag, den sie brauchte.

Als der Pastor seiner Gemeinde das alles erzählte, war er so bewegt, daß ihm die Tränen kamen. „Stellt euch vor“, sagte er, „ich hätte fast nicht darauf gehört. Ein paar Mal habe ich den Gedanken beiseitegeschoben. Gott hat mich nicht gezwungen zuzuhören. Ich frage mich, ob er sich vielleicht schon an andere Leute gewandt hat, bevor er zu mir kam. Welch ein Segen wäre uns entgangen, wenn ich nicht gehorcht hätte!“

Dieser Pastor hatte wirklich gehört, wie Gott zu ihm sprach. Aber wie konnte er das wissen? Und woher sollen wir wissen, wenn uns ein bestimmter Gedanke kommt, ob er von Gott ist oder nicht? Am folgenden Beispiel will ich zeigen, wie wir die Stimme Gottes erkennen können.

Im Glauben „landen“

Ich hörte das folgende Beispiel, als ich Teenager war. Es hat mich seither begleitet und mir all die Jahre geholfen, mich bei meinen Entscheidungen zu orientieren.

Bevor im Flugwesen moderne Instrumente entwickelt und auf den Flugplätzen riesige Orientierungs- und Beleuchtungsanlagen installiert wurden, konnten die Piloten bei Nachtlandungen die Landebahn nicht sehen. Sie sahen nur Leuchtfeuer, die in bestimmten Abständen vor dem Beginn der Landebahn angezündet waren und anzeigten, in welcher Richtung die Bahn verlief und wo sie begann. Diese Anflugbefeuerung exakt in einer Linie vor sich liegen zu sehen und dann zu überfliegen, war ihre einzige Mög-

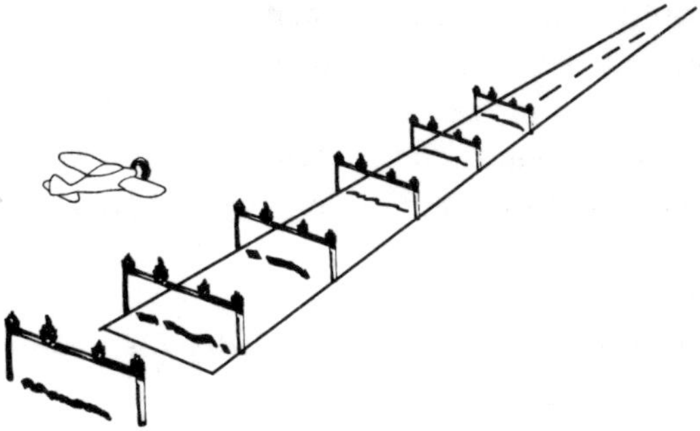

Hinter der Anflugbefeuerung ist die Landebahn

lichkeit festzustellen, ob sie in der richtigen Richtung flogen und wo die Landebahn anfing. Nur so konnten sie ihr Flugzeug sicher herunterbringen.

Manchmal, wenn die Flugzeuge hinter einem Berg hervorflogen, erschienen nicht alle Leuchtfeuer auf einmal im Gesichtsfeld der Piloten. Zuerst sahen sie vielleicht nur ein oder zwei Feuer. Auch wenn sie überzeugt waren, die Anflugbefeuerung vor sich zu haben, war es gefährlich zu landen, bevor nicht die ganze Reihe sichtbar war, denn nur dann konnten sie damit rechnen, daß sie hinter dem letzten Leuchtfeuer die sichere Landebahn empfing. Wer sich nicht strikt an diese Regel hielt, riskierte eine Bruchlandung.

Gottes Stimme zu erkennen und seinen Willen zu verstehen, ist oft ebenso schwer, wie bei Nacht mit einem Flugzeug zu landen ohne die Landebahn sehen zu können. Denn auch wenn wir um Gottes Führung beten und auf seine Stimme hören, wissen wir ja niemals im voraus, was das Ergebnis unserer Entscheidung sein wird. Was wir dann tun, ist noch immer „Landen ohne Sicht".

Zu beten „Gott, ich möchte erst ein paar Garantien haben, bevor ich meine Entscheidung treffe", ist schlicht nutzlos. Selbst wenn Gott uns vorher ganz genau sagte, was geschehen wird, hätten wir noch immer nicht die Gewißheit, daß auch alles so kommt, bevor es nicht wirklich geschehen ist. Die Ergebnisse unserer Entscheidung erfahren wir erst, wenn wir gehandelt haben.

Weil das so ist, hat Gott uns für unsere Entscheidungen eine „Anflugbefeuerung" als Orientierungszeichen gegeben. Sie gibt uns, wenn sie erkennbar ist, die Sicherheit, daß wir Gott verstanden haben und daß dort, wohin seine Leuchtfeuer uns leiten, wirklich unsere „Landebahn“ ist, auch wenn wir sie nicht sehen können, bevor wir aufsetzen.

Die „Leuchtfeuer“ Gottes können in sechs Fragen gefaßt werden.

1. Leuchtfeuer: Steht dieser Wunsch oder diese Entscheidung im Einklang mit dem Wort Gottes?

Stimmt das, was wir wünschen, was wir als Gottes Auftrag ansehen, oder was jemand uns gegenüber als Willen Gottes bezeichnet, mit dem Wort Gottes und dem Geist des Wortes überein? Wenn nicht, dann kommt die Botschaft mit Bestimmtheit nicht von Gott. Denn Gott widerspricht niemals sich selbst.

Allerdings bleibt es schwierig herauszufinden, ob Gott wirklich das sagt, was wir in der Bibel sehen. Denn wenn man bestimmte Verse miteinander verbindet, kann man mit der Bibel belegen, was man will. Das klassische Beispiel dafür ist, wie man anhand der Bibel einem Depressiven sagen kann, es sei richtig, Selbstmord zu begehen. Wenn man die Verse Matthäus 27,5 und Lukas 10,37 aneinanderhängt, kommt dabei heraus: „Er (Judas) ging hin und erhängte sich. Geh hin, und tu desgleichen.“ So kann man etwas aussagen, was dem Geist der Bibel widerspricht, wenn man Verse aus ihrem Zusammenhang reißt. Die Bibel sagt, daß Gott heilt und neue Hoffnung gibt. Keinesfalls wird Selbstmord befürwortet.

Wie sehr man am Geist des Wortes Gottes vorbeigehen kann, obwohl man sich auf einzelne Bibelstellen beruft, zeigt auch das Beispiel von Britta. Diese junge Frau erklärte eines Tages in ihrer Gemeinde: „Gott hat mir gezeigt, daß ich mich von meinem Mann scheiden lassen, meine vier Kinder verlassen und dann den Witwer Mr. O’Neil heiraten und für sein Kind sorgen soll.“ Doch sie hatte nicht Gottes Stimme vernommen, auch wenn sie behauptete, dies sei „ein Wort vom Herrn“ gewesen.

Zwar steht in der Bibel, daß wir für die Vater- und Mutterlosen sorgen sollen. Aber Gott meint damit nicht, daß jemand seinen Mann und seine eigenen Kinder verlassen soll, um für einen anderen Mann und dessen Kind zu sorgen. Was jene junge Frau sich vorgenommen hatte, widersprach allem, was die Bibel über die Ehe, die Fürsorge für die Kinder und das Zuhause lehrt.

Brittas erstes „Leuchtfeuer" fehlte. Ihr „Wort des Herrn" stimmte nicht mit dem Geist des Wortes Gottes überein. Wenn sie aufgrund dieser sogenannten „Führung von Gott" gehandelt hätte, wäre daraus eine Katastrophe entstanden.

Dieses erste Leuchtfeuer darf nie übergangen werden, wenn wir vor einer Entscheidung stehen und wissen wollen, was Gott uns sagt. Ohne dieses erste Leuchtfeuer haben wir noch nicht einmal den Flughafen ausgemacht, geschweige denn die Landebahn. Doch nehmen wir einmal an, was wir tun wollen, stimmt mit dem Wort Gottes überein. Es nicht zu tun, würde aber auch nicht Gottes Wort widersprechen. Dann brauchen wir weitere Leuchtfeuer, die uns in die richtige Richtung leiten.

2. Leuchtfeuer: Habe ich inneren Frieden in bezug auf meine Entscheidung?

Als Nachfolger Jesu sollten wir keine Entscheidung treffen und uns in keine Situation begeben, bei der wir nicht inneren Frieden haben und spüren, daß dies der richtige Weg ist. Nehmen wir einmal an, ein anderer Christ sagt uns, Gott habe ihm die Botschaft gegeben, daß wir etwas Bestimmtes tun sollen. Doch dürfen wir das nicht als letzten Beweis dafür ansehen, daß dies Gottes Wille ist, solange Gott nicht auch uns selbst inneren Frieden und Gewißheit darüber schenkt.

Alle solche Botschaften müssen geprüft werden. Das geht klar aus 1. Thessalonicher 5,20.21 hervor: „Prophetische Rede verachtet nicht. Prüft aber alles, und das Gute behaltet." Wir sollen also das behalten, worin Gott uns bestärkt. Was er nicht bestätigt, sollen wir beiseitelegen. Niemand darf die letzte Autorität über jemand anderen beanspruchen. Und wir dürfen auch nicht zulassen, daß sich jemand diese Autorität über uns anmaßt. Jede „Botschaft" kann nur als ein Leuchtfeuer unter den anderen bewertet werden.

Es gibt jedoch ein Problem mit diesem „inneren Frieden“. Er hängt nämlich mit unseren natürlichen Gefühlen zusammen, und die sind oft schwankend. Wenn wir unsere Entscheidungen nur vom Gefühl inneren Friedens abhängig machten – oder dem Fehlen innerern Friedens –, würden wir unser Flugzeug kreuz und quer in jede nur mögliche Richtung steuern. Denn dieses Leuchtfeuer ist recht unbeständig. Manchmal leuchtet es auf und erlischt dann doch wieder. Deshalb muß es immer im Zusammenhang mit den anderen erkennbar sein. Doch sehen müssen wir es, bevor wir ungefährdet landen können.

Allerdings müssen wir sicher sein, daß der Friede, den wir spüren, wirklich von Gott kommt, daß wir also – um im Bild zu bleiben – kein Licht sehen, das irgendwo anders hingehört, aber nicht zu den Leuchtfeuern. Genau das war mein Problem, als wir für ein Jahr nach Schottland zogen.

In Schottland

Als wir für ein Jahr nach Aberdeen in Schottland zogen, um dort an der Universität zu studieren, waren unsere Kinder zwölf und dreizehn Jahre alt, also in einem sehr wichtigen Lebensabschnitt. Uns lag daran, daß die Veränderungen, die mit unserem Umzug von Südamerika nach Europa einhergingen, sie nicht zu sehr entwurzelten. David und Ruthie hatten bis dahin sechs Jahre lang eine amerikanische Schule in Ecuador besucht, und wir fragten uns, wie sie es verkrafteten, wenn sie nun plötzlich zum englischen Schulsystem überwechseln mußten und ein Jahr später wieder zurück zum amerikanischen.

Da erfuhren wir zu unserer Überraschung, daß es in Aberdeen außer der öffentlichen englischen Schule auch eine Privatschule mit amerikanischem Unterrichtssystem und Lehrplan gab. Natürlich wollte ich die Kinder gern in die amerikanische Schule schicken. Nur fehlten uns leider die dreitausend Dollar, die wir für diese Privatschule hätten aufbringen müssen. Aber mein Vater im Himmel ist unendlich reich, und ich wußte, daß es für ihn eine Kleinigkeit war, uns dieses Geld zukommen zu lassen. Ich begann also dafür zu beten, daß wir die dreitausend Dollar bekämen. Die Zeit verging, und meine Gebete wurden immer dringlicher.

Während dieser Wochen las ich in Philipper 2,13: „Gott ist's, der in euch wirkt beides, das Wollen und das Vollbringen, nach seinem Wohlgefallen." Gott gibt uns also den Wunsch ins Herz, seinen Willen zu tun, und auch die Kraft, ihn auszuführen. Mein größter Wunsch war, daß unsere Kinder nicht allzusehr darunter leiden mußten, daß wir Eltern in unserem unsteten Leben wie Flöhe von einem Land zum anderen sprangen. Kinder brauchen Beständigkeit und Stabilität, und das wollte ich ihnen geben, so gut es eben ging. Das Schulsystem nicht wechseln zu müssen, hätte zweifellos dazu beigetragen. Und deshalb betete ich immer intensiver.

Als der Zeitpunkt näherrückte, an dem wir unsere Kinder in einer der beiden Schulen anmelden mußten, hatte Gott uns noch immer nicht die dreitausend Dollar gegeben. Deshalb mußte ich mich mit der ganzen Frage noch einmal von vorne befassen, obwohl ich noch immer tiefen inneren Frieden fühlte bei dem Gedanken, sie zu der Privatschule zu schicken. Das zweite Leuchtfeuer brannte also nach meiner Ansicht. Aber wo blieben die übrigen? Die Landezeit war nun so nahe, daß wir auch die anderen Lichter hätten sehen müssen!

So wandte ich mich von neuem an Gott. In der Bibel steht: „Habe deine Lust an dem Herrn; der wird dir geben, was dein Herz wünscht" (Psalm 37,4). Mein Leben war durchdrungen von dieser Freude am Herrn. Warum gab er mir dann nicht, was ich von Herzen wünschte? Ich wollte doch nur meine Kinder vor den Schwierigkeiten bewahren, die – wie ich befürchtete – vor ihnen lagen.

Ich sagte das Gott im Gebet, und er zeigte mir ein paar neue Gesichtspunkte. Wußte ich zum Beispiel wirklich, was vor David und Ruthie lag? Nein. Nur Gott wußte das. Wollte er, daß sie überfordert würden? Nein, auch das nicht. Warum sollte ich dann nicht meinen Wunsch, die Kinder zu der Privatschule zu schicken, an den Herrn zurückgeben und darauf vertrauen, daß er diesen Wunsch in mein Herz zurückbringen würde, wenn dies wirklich das Beste für die Kinder war? Und wenn nicht, dann wäre ich innerlich nicht mehr festgelegt und konnte darauf warten, daß Gott einen anderen Wunsch in mich hineinlegte.

Also entschloß ich mich, ihm meinen Wunsch zu übergeben. „Gott", betete ich, „ich wünsche mir ehrlich, die Kinder auf die Privatschule zu geben. Ich möchte sie vor den Umstellungsschwierigkeiten bewahren. Aber ich akzeptiere, daß du besser weißt, welche Schule gut für sie ist. Ich übergebe dir jetzt meinen Wunsch. Bitte nimm ihn an dich, und wenn er deinem Wunsch für meine Kinder entspricht, dann bring ihn stärker als je in mein Herz zurück. Wenn aber nicht, dann wandle ihn in deinen Wunsch um. Ich habe nicht die geringste Idee, wie das geschehen kann, aber in deinem Wort steht ja, daß du das tun willst. Danke, daß die ganze Geschichte jetzt allein deine Angelegenheit ist."

Ich weiß bis heute nicht genau, wie Gott alles geregelt hat. Aber kurz nachdem ich so gebetet hatte, fiel mir ein Prospekt in die Hände, den wir von der öffentlichen Schule in Aberdeen bekommen hatten. Das Programm las sich gut. Ich merkte, wie mir der Gedanke kam: „Ist das aber interessant. Ich wünschte, die Kinder könnten so etwas mitmachen." Als mein Mann nach Hause kam, zeigte ich ihm, was ich gefunden hatte. „Ja", sagte er, „ich fand das alles schon lange sehr reizvoll." Die ganze Zeit hatte er geduldig gewartet, bis Gott mir zeigen konnte, daß ich meinen Wunsch ihm übergeben mußte. Ich machte mir noch immer Sorgen wegen des Schulwechsels, aber noch tiefer spürte ich nun Ruhe und Frieden. Und als wir die Kinder dann endlich anmelden mußten, wollte ich sie wirklich zu der öffentlichen Schule schicken.

Der Wechsel in eine andere Schule mit einem anderen Schulsystem war dann für die Kinder tatsächlich schwer zu verkraften. Sie mußten sich in etwas völlig Neues einfügen, neue Freunde finden und auch noch mit der anderen Sprechweise fertigwerden (vergleichbar etwa mit dem Unterschied zwischen norddeutscher und süddeutscher Sprechweise). Sie brauchten viele Wochen, um sich einigermaßen einzugewöhnen.

Erst Monate später wurde uns langsam klar, warum Gott uns so geführt hatte. Wir erfuhren, daß die Schüler der Privatschule aus extrem reichen Familien kamen und viele mit „normalen Engländern" nichts zu tun haben wollten. Ein Mädchen aus dieser Schule nahm einen langen Weg in Kauf, nur um mit Ruthie zu spielen, weil diese wenigstens so halb Amerikanerin war. Später hörten wir auch noch, daß an jener Schule Drogenkonsum weit verbreitet war. Mit anderen Worten, es war genau das Umfeld, das wir für unsere Kinder nicht wünschten.

Ja, zu Beginn schien es mir, als ob ich jenes zweite Licht des inneren Friedens sähe. Aber was ich sah, gehörte nicht zu den Leuchtfeuern. Als ich schließlich inneren Frieden dabei empfand, David und Ruthie auf die englische Schule zu schicken, leuchtete dieses Leuchtfeuer bei weitem nicht so hell wie das erste. Zeitweise, wenn mein Glaube ins Wanken geriet, flackerte es oder schien zu verlöschen. Doch als ich es im Zusammenhang mit den anderen Lichtern sah, merkte ich, daß es in einer Linie mit ihnen war.

Wir brauchen also in jedem Fall mehr als die beiden zuerst genannten Landesignale, um richtig entscheiden zu können. Das führt uns zum dritten Leuchtfeuer.

3. Leuchtfeuer: Stimmen andere mündige Christen meiner Entscheidung zu?

Das bedeutet nicht, daß wir mit unseren Entscheidungen warten müssen, bis uns alle anderen zustimmen. Aber wir können andere mündige Christen bitten, für uns zu beten, wenn wir den Eindruck haben, daß Gott uns in eine bestimmte Richtung führt. Wenn wir Gott richtig verstanden haben, werden auch sie inneren Frieden spüren über der Entscheidung, die wir für richtig halten.

Als jener Pastor, der „hörte", wie Gott ihm sagte, er solle einen Scheck an eine ihm unbekannte Frau schicken, die es vielleicht gar nicht gab, fragte er die beiden Gemeindeältesten nach ihrem Eindruck. Beide bestätigten ihn darin, daß er das Geld schicken sollte. Das dritte „Leuchtfeuer" war da.

Dieses dritte Leuchtfeuer ist auch hilfreich, wenn es um die Frage geht, zu welchem konkreten Zeitpunkt wir in Angriff nehmen sollen, was uns von Gott her klar geworden ist. Andere Christen mögen spüren, wann es an der Zeit ist zu handeln.

Wenn wir vor einer Entscheidung herausfinden wollen, ob das dritte Leuchtsignal brennt, ist es wichtig, daß wir uns an wirklich mündige Christen wenden. Mündigsein im Glauben ist nicht immer vom

Alter abhängig. Manche Christen können, auch wenn sie fünfzig Jahre alt sind, noch nicht wahrnehmen, was Gott sagt. Ein Teenager, der für Gott offen ist, versteht Gottes Stimme möglicherweise klarer.

Ein mündiger Christ ist auch nicht unbedingt jemand, der auf alle Fragen eine Antwort hat oder am häufigsten davon spricht, ein „Wort vom Herrn“ zu haben. Mündig im Glauben ist, wer offen ist für Gott und für den Glaube bedeutet, eine Liebesbeziehung zu Gott zu haben und nicht eine Liste von Regeln zu befolgen. In solch einer Beziehung sind immer auch Mißverständnisse unsererseits möglich. Ein mündiger Christ gibt das bereitwillig zu: „So verstehe ich in diesem Fall Gottes Reden. Bitte sprich mit Gott darüber und warte ab, ob er das bestätigt. Wenn nicht, dann wollen wir ihn noch einmal um klare Führung bitten.“

Wenn wir nach jemandem ausschauen, der uns helfen kann, Gott zu verstehen, sollten wir uns unter anderem fragen, welchen Einfluß er auf seine Umgebung hat. Fühlt man sich in seiner Gegenwart wohl, oder gibt es Spannungen, wo er auftaucht? Weiß er, wie man in Ruhe auf Gott hört, oder ist er schnell bei der Hand mit einer Patentlösung, die keine Rückfragen mehr gestattet? Ist er freundlich und leicht ansprechbar, denkt er bescheiden über sich und gesteht bereitwillig ein, daß ihm auch Irrtümer unterlaufen?

Manchmal befürchten wir, andere könnten uns nicht verstehen, wenn wir sie darum bitten, mit uns für eine vor uns liegende Entscheidung zu beten. Vielleicht meinen wir auch, die ganze Sache sei zu persönlich, um darüber sprechen zu können. Aber Gott hat uns unsere Mitchristen mit ihren Gaben, den Willen Gottes zu erkennen, auch dazu gegeben. Wenn wir uns ihnen anvertrauen und sie um Hilfe bitten, werden wir staunen, wie offen und verständnisvoll ein mündiger Christ ist.

4. Leuchtfeuer: Gestatten mir meine Lebensumstände, das auszuführen, was ich als Gottes Willen ansehe?

Dies Leuchtfeuer muß unbedingt erkennbar sein, wenn wir Gottes Willen und seinen Zeitplan erfahren wollen. Das wird an Bernardinas Geschichte deutlich.

Bernardina rief mich an und fragte, was sie tun müsse, um Missionarin zu werden. „Gott hat mich ganz klar dazu berufen, nächstes Jahr auszureisen und zwei Jahre lang in der Außenmission zu arbeiten", sagte sie.

Sie wußte zwar nicht genau, auf welches Missionsfeld Gott sie berief, war sich aber ganz sicher, daß sie gehen sollte, sobald ihr der Arzt bestätigte, daß sie gesundheitlich dazu in der Lage war.

Im weiteren Gesprächsverlauf erfuhr ich, daß Bernardina Krebs hatte und sich gerade von einer Chemotherapie erholte. Sie war verheiratet und Mutter von zwei kleinen Kindern. Ich fragte sie, wie ihr Mann über ihre Berufung in die Mission dachte.

„Mein Mann versteht diese Vision nicht, die Gott mir gegeben hat", antwortete sie. „Ich weiß, daß Gott mich dazu beruft, anderen von seiner Liebe zu erzählen. Ich habe ihm gesagt, daß ich mit oder ohne meinen Mann gehen würde, mit oder ohne meine Familie. Alles, was ich habe, will ich für Gott und sein Werk einsetzen. Nun muß ich nur noch wissen, wie ich aufs Missionsfeld komme. Und weil Sie Missionarin sind, dachte ich, sie könnten mir weiterhelfen."

„Ja, wir können gern darüber sprechen", sagte ich. „Aber wie sieht es mit Ihrer Gesundheit aus? Als Missionarin muß man viel reisen, und dazu muß man gesundheitlich belastbar sein."

„Oh, Gott wird ein Wunder an mir tun, darauf vertraue ich. Und er wird auch für meine Familie sorgen. Er hat mir versprochen, daß er das tun wird. Ich brauche wirklich nur noch zu wissen, wie ich aufs Missionsfeld komme."

Ich verabredete mit Bernardina einen Termin, an dem sie in meine Beratungspraxis kommen und über ihre Situation sprechen konnte. Einige Tage später rief sie mich an, weil es ihr so schlecht ging, daß sie den Termin verschieben mußte. Das wiederholte sich in den nächsten Wochen mehrfach, bis wir schließlich übereinkamen, sie solle sich melden, sobald es ihr gesundheitlich besser ging. Doch dieser Anruf blieb aus. Bernardina erholte sich nicht soweit, daß sie die kurze Anreise zu mir unternehmen konnte.

Ganz offensichtlich standen Bernardinas Lebensumstände nicht in Einklang damit, wie sie ihre Vision und Berufung verstand. Daß Gott wollte, sie solle auch in ihrer schwierigen Lage anderen von Jesus erzählen, stimmte sicher. Und auch, daß sie Gott ihr ganzes Leben und ihre Familie anvertrauen sollte. Aber bestimmt hatte Gott nicht im Sinn, sie in die Außenmission zu schicken. Wie konnte Bernardina Gott so mißverstehen?

Bernardina hatte Angst, durch ihre Krankheit für immer aus ihrer Familie gerissen zu werden. Unbewußt wollte sie dem zuvorkommen durch eine „freiwillige" Trennung von ihrer Familie. Deshalb überlegte sie, für zunächst einmal zwei Jahre in die Außenmission zu gehen.

Es kann also geschehen, daß Gott uns tatsächlich seinen Willen klarmacht und uns eine bestimmte Aufgabe zeigt, wir aber nicht verstehen, wie wir diese Aufgabe anpacken sollen. Das liegt nicht unbedingt daran, daß wir ihm gegenüber widerspenstig sind oder in Sünde leben oder ihn nicht richtig hören. Manchmal müssen wir in solch einer Situation eben warten, bis Gott die Umstände klärt. Oder wir müssen noch einmal anhalten, um ihn zu fragen, ob wir wirklich richtig verstanden haben, was er von uns erwartet.

Bernardina war nicht widerspenstig. Sie hatte nur Angst. Sie liebte ihre Familie und wollte sie nicht verlassen. Aber sie wollte auch Gottes Willen tun. Doch aus lauter Angst konnte sie nicht mehr richtig verstehen, was Gott ihr sagen wollte. Sie brauchte liebevolles, mitfühlendes Verständnis für ihre Sorgen um ihre Familie und die Trennung durch den Tod, die immer näher rückte.

Wenn Gott uns in eine bestimmte Richtung führt, brauchen wir die Dinge nicht selbst mit Gewalt so zurechtzurücken, daß wir ihm gehorchen können. Denn er selbst ordnet zur rechten Zeit alles so, daß wir tun können, was er uns zeigt.

5. Leuchtfeuer: Hat Gott mir einen speziellen Bibelvers, einen Traum oder eine Weissagung gegeben, die meine Entscheidung bestätigt?

Es ist wunderbar, wenn dieses Leuchtfeuer zu sehen ist. Doch darf es nie als einziger, endgültiger Beweis für das Reden Gottes angesehen werden. Auch dieses Licht muß eine Linie mit den anderen bilden.

Gott sagt in 1. Thessalonicher 5, 20.21, daß wir prophetische Rede nicht verachten sollen, sie aber prüfen und nur das Gute behalten sollen. Es ist eine eindrucksvolle Erfahrung, wenn Gott unsere Aufmerksamkeit auf einen bestimmten Bibelvers lenkt oder uns jemand eine Botschaft weitergibt, die Gott ihm für uns gegeben hat. Das ermutigt dazu, noch offener für Gott zu werden. Und es bestätigt uns, daß wir in die richtige Richtung gehen.

Manchmal allerdings weicht eine solche Botschaft von der allgemeinen Richtung ab, in die uns Gott nach unserem Eindruck bis dahin geführt hat. Das kann uns sehr verwirren, wie die Geschichte von Carson zeigt.

Carson

Carson war überzeugt, daß Gott ihn in seinen Dienst berufen hatte. Um die Zeit zu überbrücken, bis er in die Gemeinde gehen konnte, die ihn als Pastor berufen hatte, blieb er nach Abschluß seines Theologiestudiums noch einige Zeit am Seminar und unterrichtete dort verschiedene Bibelkurse. Carson und seine Frau Lillian glaubten, daß Gott sie in dieser Gemeinde haben wollte. Andere mündige Christen stimmten mit ihnen darin überein. Auch ihr Umzug war schon gesichert, weil jemand „zufällig" eine Fahrt an ihren neuen Wohnort hatte. Sie wollten unmittelbar nach einem Lehrgang abfahren.

Da sagte ihnen während einer Anbetungszeit im Seminar einer der Professoren, er habe den Eindruck, daß Gott ihm eine Botschaft für sie gegeben habe: „Bleibt hier am Seminar und unterrichtet weiter. Durch euch will ich große Dinge unter den Studenten tun." Carson und Lillian gerieten völlig durcheinander.

„Wir wollen Gottes Willen tun", sagten sie meinem Mann und mir. „Aber wir fühlen keinen Frieden darüber, hier am Seminar zu bleiben. Wir glauben noch immer, daß wir in jener Gemeinde arbeiten sollen. Aber wenn die Botschaft wirklich von Gott war, dann haben wir ihn vielleicht bisher nicht richtig verstanden. Wir sind total verwirrt. Was sollen wir tun?"

„Wenn diese Botschaft wirklich von Gott und für euch bestimmt war, dann wird Gott sie euch in eurem Inneren bestätigen“, sagten wir. „Paulus ließ sich durch eine Prophetie, die ihm gesagt wurde, auch nicht davon abhalten, nach Jerusalem zu gehen (Apostelgeschichte 21,4). Bittet Gott, euch seine Führung nochmals klarzumachen und zu bestätigen. Bevor ihr die endgültige Entscheidung trefft, ob ihr hier am Seminar bleibt oder nicht, müßt ihr eine tiefe, innere Sicherheit über Gottes Wegweisung spüren. Wenn diese Weissagung nicht mit dem übereinstimmt, was Gott euch sagt, dann beachtet sie nicht weiter. Vielleicht zeigt Gott euch später einmal, was es mit diesem Wort auf sich hat.“

Lillian und Carson übergaben Gott ihren Wunsch, in jener Gemeinde zu arbeiten. Und sie baten ihn, diesen Wunsch von neuem in ihre Herzen zu legen, wenn er mit seinem Willen übereinstimmte. Wenn nicht, dann möge er ihren Wünschen eine neue Richtung geben. Während sie auf Gottes Antwort warteten, wurde ihr Anliegen, in jener Gemeinde zu arbeiten, immer dringlicher. Als sie schließlich umziehen mußten, waren sie sich ganz sicher, daß dies der Wille Gottes für sie war. Wenn er sie später wieder zum Seminar zurückführen würde, damit sie dort unterrichteten, dann würden sie ihm gern gehorchen. Aber im Augenblick wollte Gott, daß sie in die Gemeindearbeit gingen.

Das Leuchtfeuer jener Weissagung, das so plötzlich aufgetaucht war, reihte sich für Carson und Lillian nicht in eine Linie mit den anderen Lichtern ein. Deshalb brachte es sie so durcheinander. Sie wußten auf einmal nicht mehr, in welcher Richtung sie gehen sollten. Als sie die Prophetie beiseitetaten, erschienen all die anderen Leuchtfeuer wieder in einer Reihe und zeigten ihnen so ihren Weg.

Auch durch Bibelworte können wir besondere Verheißungen von Gott empfangen. Dann wird vielleicht, wenn wir in der Bibel lesen oder über eine bestimmte Frage nachdenken, unsere Aufmerksamkeit auf einen besonderen Vers gelenkt. Vielleicht kommt uns auch ein Bibelvers, der unsere Situation erhellt, immer wieder in den Sinn und wir merken, daß Gott uns durch ihn leiten will. Wenn das geschieht, spüren wir Gottes Liebe. Das gibt uns dann die Freude und den Mut, den Weg einzuschlagen, den er uns zeigt.

Bevor ich die Krankenpflegeausbildung begann, wurde ich in meiner stillen Zeit auf einen Bibelabschnitt in 2. Mose 33 aufmerksam. Mose spricht dort mit Gott über seine Aufgabe, das Volk Israel ins verheißene Land zu führen. „Gott, wenn nicht dein Angesicht vorangeht, so führe uns nicht von hier hinauf", betete er.

„Mein Angesicht soll vorangehen; ich will dich zur Ruhe leiten", versprach ihm Gott.

Dieser letzte Vers kam mir immer wieder in den Sinn, wenn ich Gott fragte, ob ich in die Krankenpflege gehen solle. „Mein Angesicht soll vorangehen; ich will dich zur Ruhe leiten." Das gab mir Gelassenheit und innere Sicherheit. Dieses Licht einer besonderen Verheißung fügte sich ein in die Reihe der anderen Leuchtfeuer.

Eins dürfen wir jedoch nicht vergessen: Wenn Gott uns ein bestimmtes Versprechen gibt, ist es seine Sache, es dann auch zu erfüllen. Wir brauchen die Umstände nicht so zu manipulieren, daß die Verheißung wahr werden kann. Und wir brauchen Gott bei der Erfüllung seiner Verheißungen auch nicht unter die Arme zu greifen, wie einst Abraham und Sara das versuchten (1. Mose 16).

Abraham war schon ein alter Mann, als Gott ihm einen Sohn versprach, und Abraham freute sich sehr über diese Verheißung. Aber Jahr um Jahr verging, ohne daß sich etwas tat. Abraham und Sara wurden immer älter. Schließlich konnten sie das Warten nicht mehr aushalten, und so beschlossen sie, Gott bei der Erfüllung seines Versprechens ein wenig zu unterstützen.

Sara sagte ihrem Mann, er solle mit ihrer Sklavin Hagar schlafen und mit ihr ein Kind haben. So zu handeln, war zu jener Zeit nicht ungewöhnlich. Offensichtlich war Abrahams Glaube auf solch einem Tiefpunkt, daß Saras Vorschlag ihn nicht weiter beunruhigte. So erreichten sie, daß Abraham tatsächlich einen Sohn bekam, Ismael. Aber es war nicht der Sohn, den Gott gemeint hatte, als er Abraham dieses Versprechen gab.

Wenn Gott uns etwas verspricht, das mit den anderen Leuchtfeuern seiner Führung nicht übereinzustimmen scheint, muß uns das nicht irritieren. Wir können dann dies Versprechen beiseitelegen und warten, daß Gott es zu seiner Zeit erfüllt. Wenn die Verheißung wirklich von Gott war, dann wird sie eines Tages möglicherweise unerwartet als Leuchtfeuer zu einer anderen Landebahn wieder auftauchen. Wir brauchen also nur darauf zu warten, wann und wie Gott alles in seinen Plan für unser Leben einfügt.

Eine besondere Verheißung oder ein Wort für eine bestimmte Situation zu empfangen, erfüllt mit Frieden und Freude und gibt zusätzliche Bestätigung. Das heißt jedoch nicht, daß Gott uns nicht geführt hat, wenn dieses Licht fehlt, alle anderen Leuchtfeuer aber in einer Linie zu sehen sind. Wenn alle anderen Lichter brennen, können wir uns darauf verlassen, daß sie unsere Landebahn zeigen.

Das bringt uns zum sechsten und letzten Leuchtfeuer.

6. Leuchtfeuer: Kann ich wirklich ausführen, was Gott mir gesagt hat?

Dies ist das letzte Leuchtfeuer, das wir sehen müssen. Als Roger, von dem ich in Kapitel 2 erzählte, schließlich sein Auto kaufte, gab es keine unerwarteten Hindernisse mehr. Er hatte das Geld für die Anzahlung und konnte auch die monatlichen Raten bezahlen. Alles klappte. Als Roger zur Landung ansetzte, war das letzte Leuchtfeuer angezündet. Er konnte sein Auto in der vollen Gewißheit kaufen, daß dies wirklich das war, was Gott für ihn wollte.

Doch auch wenn alle Leuchtfeuer brennen, kann es geschehen, daß die Landebahn nicht, wie wir es erwartet haben, eben und gerade ist, sondern holprig und kurvig. Dann denken wir vielleicht, wir hätten uns doch geirrt. Solch eine Situation erlebte ich beim Studium in Schottland.

Als wir nach Aberdeen gingen, wollte ich dort zunächst einen einjährigen Kursus für den Magisterabschluß in Psychologie belegen. Doch dann zeigte sich, daß ich die Aufnahmebedingungen für diesen Kursus nicht erfüllte. Diese Tür war also fest verschlossen, und ich war völlig entmutigt und verwirrt. Da machte man mir den Vorschlag, im Fachgebiet Pastoraltheologie einen Kursus zu belegen, der ebenfalls mit einem akademischen Grad abschloß und in dem ich ein Jahr lang unter der Leitung eines Supervisors an zwei verschiedenen staatlichen Instituten praktische Erfahrungen in Psychotherapie erwerben konnte.

Weil sich nichts Besseres zeigte, schrieb ich mich grollend für diesen Kursus ein. Als ich ein Jahr später in New York weiterstudieren wollte, erfuhr ich zu meinem großen Erstaunen, daß ich dort auf der Grundlage des Abschlusses von der Universität Aberdeen einen Magistertitel erwerben konnte, der mir später ermöglichte, mich im Studiengang zur Dissertation in Psychologie und Religion einzuschreiben. Das waren genau die Fachgebiete, die mich schon immer am meisten interessiert hatten.

Später erfuhr ich, daß der Abschluß in jenem Psychologiekursus, den ich in Schottland ursprünglich hatte belegen wollen, mir keinerlei weitere Studienmöglichkeiten eröffnet hätte. Was mir erst als Nachteil erschienen war, hatte sich am Ende als Vorteil erwiesen. Wieder einmal wurde mir bewußt, daß Gottes Wege zwar nicht immer geradeaus gehen, aber stets zum Ziel führen. Denn es stimmt, daß Gott keine Tür verschließt, ohne eine andere, bessere zu öffnen. Aber manchmal muß erst etwas Zeit vergehen, ehe wir begreifen, wieso die zweite Tür besser war als die erste.

Gott spricht zu uns und führt uns. Wenn alle seine Leuchtfeuer brennen und in einer Linie zu sehen sind, können wir sicher sein, daß er uns diesen Weg führt und daß wir hinter dem letzten Licht sicher landen können. In Kapitel 8 und 9 finden sich Fragen und Gebete, die in Entscheidungssituationen helfen können, Gottes Orientierungszeichen zu erkennen.

Aber Gott spricht nicht nur zu uns, wenn wir vor bestimmten Entscheidungen stehen. Er spricht auch mit uns, wenn wir etwas verkehrt gemacht haben. Daneben mögen uns aber auch Gedanken quälen, die uns anklagen und uns das Gefühl geben, wertlos und weit von Gott entfernt zu sein. Wie können wir unterscheiden, ob Gott zu uns spricht und uns Sünde zeigt, die zwischen uns und ihm steht, oder wir nur durch Selbstvorwürfe heruntergezogen werden? In den nächsten Kapiteln wollen wir uns mit diesem Problem befassen.

Kapitel 5: Schuldspruch oder Versuchung?

Gott spricht zu uns, wenn er uns führen will, aber auch, wenn er uns zeigen will, daß wir etwas verkehrt gemacht haben. Wenn wir sündigen, entsteht zwischen Gott und uns eine Barriere, die uns daran hindert, offen und vertrauensvoll zu ihm zu kommen. Deshalb zeigt Gott uns unsere Sünde, damit wir sie vor ihm eingestehen können und er sie vergibt und so die Trennung wieder beseitigt.

Doch nicht immer sind Gedanken, die uns an irgendeine Schuld erinnern, von Gott. Wer als Kind oft gemaßregelt und herabgesetzt worden ist, wird ständig von Schuldgedanken bombardiert. Wie können wir nun erkennen, ob Gott diese Gedanken in uns hineinlegt, weil er uns zur Buße führen will, oder ob es Gedanken sind, die uns selbst oder unsere Beziehung zu anderen zerstören und deshalb als Versuchungen aufzufassen sind?

Bei Roger, von dem ich schon in Kapitel 2 berichtet habe, und dessen Lebensgeschichte ich jetzt weitererzählen will, gab es beides, echte, von Gott gewirkte Schuldgefühle, und verkehrte.

Roger

In einem unserer Gespräche schlug ich Roger vor, sich vorzustellen, wie er als kleines Kind bei Jesus auf dem Schoß sitze. Er versuchte es, konnte aber sich nur sehen, wie er bis zu Jesu Knien hinlief und dann stehen blieb.

„Oh“, sagte er, „Jesus möchte nicht, daß ich näherkomme.“

„Warum nicht?“ fragte ich. „Jesus hat gesagt, daß er es gern hat, wenn die kleinen Kinder zu ihm kommen, und daß niemand sie davon abhalten darf. Warum sollte er dich nicht auch nah bei sich haben wollen?“

„Ich weiß es nicht. Ich kann mir nicht vorstellen, daß er mich nahe bei sich haben möchte.“

„Frag Jesus, warum du dieses Gefühl hast“, sagte ich. „Sprich diese Frage laut aus, damit du selbst hörst, wie du zu ihm redest, und sicher sein kannst, daß du ihn wirklich gefragt hast.“

Zögernd betete Roger schließlich: „Jesus, warum habe ich dieses Gefühl, daß du mich nicht näher bei dir haben willst?“

„Nun hör zu. Was denkst du, das er dir antwortet?“

„Ich höre gar nichts“, sagte Roger. „Ich höre nie irgend etwas.“

„Du brauchst auch nicht im wörtlichen Sinne etwas zu hören“, antwortete ich. „Jesus wird nicht laut rufen. Aber achte darauf, was in deine Gedanken kommt, wenn du ihn gefragt hast. Frage ihn noch einmal, und dann sei still und warte darauf, was dir in den Sinn kommt.“

Nach einem weiteren Versuch sagte Roger langsam: „Was mir in den Sinn kommt, ist, daß ich etwas getan habe, was er nicht mag. Aber vielleicht ist das alles nur meine Einbildung.“

„Wirklich?“ fragte ich. „Überlege, ob du etwas getan hast, wovon du wußtest, es war falsch, und du hast es nie in Ordnung gebracht?“

„Ja, natürlich. Aber geht das nicht jedem so?“

„Ja, das ist bei jedem Menschen so. Und jeder muß eingestehen, was er falsch gemacht hat und Gott um Vergebung bitten. Und wenn andere mitbetroffen waren, muß er die Dinge klären.“

„Aber wie soll ich das je fertigbringen? Ich weiß ja nicht einmal, wer alles betroffen war.“

„Das macht nichts“, versicherte ich. „Jesus weiß es. Er war ja immer dabei. Bitte ihn nur, dir alles wieder ins Gedächtnis zu bringen, eins nach dem anderen, und schreib es auf. Bringe deinen Zettel mit, wenn du nächstes Mal zu mir kommst.“

In der nächsten Woche kam Roger mit einer langen Liste an, auf der alles stand, was Gott ihm wieder ins Gedächtnis gebracht hatte. „Was mache ich nun mit diesem ganzen Mist?“ fragte er.

„Nun, wir können wieder beten und Jesus bitten, daß er dir zeigt, was du in diesem ersten Fall tun sollst. Frage ihn direkt: ‚Jesus, was soll ich mit diesem Geld machen, das ich nie zurückgegeben habe? Ich habe nicht genug Geld, um es jetzt zu bezahlen.‘ Und dann paß auf, was dir in den Sinn kommt.“

Als Roger gebetet und dann eine Zeit still gewartet hatte, fragte ich, was Jesus ihm gezeigt hatte.

„Also, mir ist in den Sinn gekommen, daß ich von jeder Gehaltszahlung fünfzehn Dollar weglegen soll, bis ich die Summe zusammen habe, und dann das Geld zurückzahlen soll.“

„Wunderbar“, rief ich aus, „dann hast du also wirklich gehört, wie Gott zu dir spricht. Schreib auf, was er dir gesagt hat, damit du es nicht vergißt. Und nun frage nach der zweiten Sache. Frage Gott: ‚Was soll ich jetzt tun, wo ich dieses Mädchen nicht richtig behandelt habe?‘ Dann hör zu und sag mir, was dir in den Sinn kommt.“

„Mir kommt der Gedanke“, sagte Roger, „daß ich ihr einen Brief schreiben und mich für mein Benehmen entschuldigen soll. Aber ich weiß überhaupt nicht, wo sie wohnt. Wie soll ich ihr schreiben, wenn ich nicht einmal ihre Adresse kenne?“

„Frage Gott danach“, antwortete ich. „Wenn er dir gesagt hat, daß du ihr schreiben sollst, dann muß er dir auch noch sagen, wie du das ausführen kannst. Sag ihm: ‚Gott, ich kenne nicht einmal ihre Anschrift. Wie soll ich ihr dann schreiben?‘ Und dann paß auf, welchen Gedanken er dir gibt.“

„Es ist seltsam“, sagte Roger nach kurzem Bedenken. „Ich erinnere mich gerade an eine gemeinsame Bekannte, deren Telefonnummer ich kenne. Ich habe schon sehr lange nicht mehr an sie gedacht. Warum denke ich gerade jetzt an sie?“

„Was meinst du denn, was Gott dir auf diese Weise vorschlagen könnte?“ fragte ich ihn.

„Vielleicht, daß ich sie anrufe und nach der Anschrift von dem anderen Mädchen frage. Aber woher weiß ich, daß ich mir jetzt nicht selbst etwas vormache? Es könnte doch genauso gut sein, daß ich mir das alles nur einbilde.“

„Das ist eine wichtige Frage“, antwortete ich. Gott hat gesagt, daß sein Geist zu unserem Geist spricht, um uns von Sünde zu überführen und um uns zu trösten. Was der Heilige Geist dir sagt, muß nun in deinem Gehirn registriert werden, damit du es wahrnehmen und verstehen kannst. Nun hast du vergangene Woche Gott gefragt, was noch zwischen ihm und dir stehen könnte. Daraufhin sind dir bestimmte Dinge eingefallen. War es nun Gott, der sie dir gezeigt hat, oder hast du dir das alles nur selbst vorgemacht? Du kannst das feststellen, wenn du überlegst, ob du diese

Dinge tatsächlich verkehrt gemacht und sie noch nicht bereinigt hast."

„Doch, es stimmt. Ich habe einiges falsch gemacht. Ich habe ja alles aufgeschrieben."

„Wenn du dir das nicht nur eingebildet hast, dann hast du dir auch diese Lösungen dafür nicht eingebildet. Gott hat sie dir gezeigt. Und sie stimmen mit der Bibel überein. Nimm dir also jede Sache vor, die auf deiner Liste steht, und frage Gott, was du im einzelnen tun sollst. Schreibe dir seine Antworten auf, damit du sie nicht vergißt. Und dann führe eins nach dem anderen aus. Wenn du eines erledigt hast, dann schreibe das Datum daneben und streiche es aus. Und dann mach so weiter, bis du alles abgeschlossen hast."

Es war nicht leicht für Roger, alles das zu ordnen, was Gott ihm ins Gedächtnis zurückgebracht hatte. Wie erleichtert war er, als er endlich die letzte Sache durchstreichen konnte!

Noch einmal schlug ich ihm vor, in seiner Vorstellung wie ein Kind zu Jesus zu laufen, auf seinen Schoß zu klettern, sich in seine Arme zu schmiegen und ihm zuzuhören.

Roger machte das, und eine Weile war er ganz still.

„Was geschieht jetzt?" fragte ich schließlich.

„Ja, diesmal bin ich auf seine Knie geklettert", antwortete Roger langsam. „Aber er hält mich mit ausgestreckten Armen von sich weg, als ob er mich nicht so nahe bei sich haben wollte. Er mag mich einfach nicht."

„Warum nicht?" fragte ich. „Jesus hat gesagt, daß die kleinen Kinder zu ihm kommen sollen. Frag Jesus, warum du das Gefühl hast, daß er dich nicht mag."

Roger betete und horchte eine Zeitlang still in sich hinein. Dann sagte er: „Mir kommt in den Sinn, daß ich versuche, Jesus ins Gesicht zu schauen. Aber da sehe ich kein menschliches Gesicht, sondern einen widerlichen, alten Vogel, der mich mit seinem Schnabel picken und mich in Stücke zerreißen will. Ich bekomme Angst vor ihm."

„Hast du in deinem innersten Herzen manchmal das Gefühl, daß Jesus so ist?" fragte ich ihn behutsam.

„Ja, manchmal habe ich das Gefühl, daß er immer hinter mir her ist und mir sagt, was ich alles falsch mache, und daß ich nie so sein kann, wie er es von mir erwartet."

„Wie ist das, so einem fürchterlichen Gott zu dienen?" fragte ich.

„Nicht eben schön. Manchmal möchte ich am liebsten vor ihm weglaufen, obwohl ich ihn eigentlich liebhaben möchte."

„Wenn ich so ein Bild von Gott oder Jesus hätte wie du, dann könnte ich ihn auch nicht lieben", sagte ich. „Aber irgendwo tief in dir kennst du auch den wirklichen Jesus, der dich so liebt, daß er für dich am Kreuz gestorben ist. Wie wäre es, wenn du dieses Bild niederreißt, das dir Jesus als einen widerlichen, alten Vogel zeigt, und es dem wirklichen Jesus gibst, damit er es ans Kreuz tragen kann. Er ist auch für dieses schreckliche Bild gestorben."

„Ja", antwortete Roger, „ich möchte es endlich loswerden."

„Dann sage Jesus die Wahrheit. Sage ihm: ‚Jesus, wenn dieses innere Bild, das ich von dir habe, stimmt, dann kann ich dich nicht lieben und dir dienen. Danke, daß das nicht mit dem übereinstimmt, was die Bibel von dir sagt. Deshalb nehme ich jetzt dieses Bild, reiße es in Stücke und gebe es dir, dem wirklichen Jesus, damit du es für mich mit ans Kreuz nehmen kannst. Jesus, bitte zeig mir, wie du wirklich bist. Zeige mir, daß ich mich in deine Arme schmiegen und dir zuhören kann, wie du zu mir sprichst."

Roger betete das von ganzem Herzen. Ich legte meine Hand sacht auf seinen Kopf und löste in ihm im Namen Jesu die Fähigkeit, zu verstehen und zu fühlen, wer Jesus wirklich ist, und Gott den Vater so kennenzulernen, wie Jesus ihn kannte.

Dann ermutigte ich Roger, mit dem wirklichen Jesus vertraut zu werden. Täglich solle er sich in seiner geistlichen Vorstellung bei Jesus auf den Schoß setzen, dort ein Kapitel aus den Evangelien lesen und sich dabei mit den Menschen in den Geschichten identifizieren.

Roger tat das, und ihm kamen dabei immer mehr schmerzhafte Erinnerungen an seinen Vater ins Gedächtnis. Gemeinsam brachten wir alle diese Begebenheiten zu Jesus, damit er sie heilen konnte. Langsam wuchs Rogers Vertrauen zu Jesus, bis er schließlich wirklich sehen konnte, wie er sich in Jesus Arme schmiegte.

Eines Tages kam Roger strahlend zu mir in die Praxis. „Gestern habe ich gehört, wie Jesus mir zugeflüstert hat, daß er mich liebt –

jedenfalls kam mir das in den Sinn. Wenn ich ihn jetzt anschaue, sehe ich sein freundliches Gesicht. Dieses schreckliche Vogelgesicht ist verschwunden."

Im ersten Teil von Rogers Geschichte zeigt sich, wie Gott uns von verkehrtem Handeln oder von Sünden überführt, die als Blockaden zwischen ihm und uns stehen. Eine verkehrte Handlung oder eine Sünde ist eine Tatsache, ob wir das zugeben oder nicht. Wenn wir sie bekennen, vergibt Gott sie uns. Die Hindernisse zwischen Gott und uns sind dann verschwunden, und unsere Gemeinschaft mit ihm wird wieder neu.

In Rogers Leben gab es noch mehr Barrieren gegenüber Gott. Es waren anklagende, herabsetzende Gedanken, die gar nicht auf einer bestimmten verkehrten Handlung beruhten, sondern nur auf seinem allgemeinen Gefühl, wertlos und schlecht zu sein, und dazu diese grausige Vorstellung, daß Gott wie ein alter, böser Vogel sei. Reue hätte Roger in diesem Falle keine Befreiung gebracht, denn es gab ja keine Sünde, die Gott ihm hätte vergeben sollen.

Anklagen, die nicht von Gott kommen, sondern die wir uns selbst vorhalten, betreffen meist verschwommene Dinge oder Gefühle, die wir unserer Meinung nach nicht haben sollten. Vielleicht klagen wir uns an, daß wir unsere Sünden nicht tief genug bereut haben, daß wir nie etwas richtig machen, daß wir etwas Falsches gesagt oder gedacht haben, eine böse Tat zugelassen oder einen schlimmen Satz gesagt haben, obwohl das alles nicht greifbar ist.

Daß diese Gedanken nicht von Gott sind, zeigt sich auch daran, daß sie sich wie unter Zwang ständig wiederholen und uns immer tiefer niederdrücken. Solche zwanghaften Gedanken können sich auch in unbegründeter Eifersucht äußern. Bei Alberto war das so.

Alberto

Alberto und Eliza liebten sich sehr. Sie spürten, daß Gott sie in die Mission berufen und daß er sie zusammengeführt hatte. Aber ihre Beziehung war oft durch Albertos zwanghafte Gedanken belastet. Er lebte ständig in der Angst, Eliza könne ihn wegen eines anderen Mannes verlassen. Zwei andere Mädchen hatten ihn so betrogen.

Als Alberto begonnen hatte, mit Gott zu leben, wurde ihm klar, daß seine früheren beiden Freundschaften von Anfang an nicht das Richtige gewesen waren. Er hatte mit den Mädchen keinerlei gemeinsame Interessen als Grundlage für ihre Beziehung gehabt. Beim ersten Mal war es einfach nur jugendliche Verliebtheit gewesen, die andere Freundschaft hatten seine Freunde arrangiert.

„Eliza ist das Beste, was mir jemals begegnet ist", beteuerte Alberto immer wieder. „Aber wenn ich nicht mit ihr zusammen bin, kommen mir ständig diese Gedanken: ‚Vieleicht ist sie jetzt doch mit einem anderen zusammen. Ruf sie an, damit du sicher sein kannst, daß sie alleine ist und dich immer noch liebt.' Ich werde diese Gedanken einfach nicht los, bevor ich Eliza dann tatsächlich angerufen habe."

So kam es, daß Eliza jeden Tag drei bis vier dringende Anrufe von Alberto bekam, der sich vergewissern wollte, mit wem sie sprach, was sie tat und ob sie ihn noch liebte. Obwohl Eliza sehr viel Geduld aufbrachte und Alberto wirklich von Herzen liebte, belastete das ihre Beziehung sehr. Eliza schaffte kaum noch ihre Arbeit und ihr Studium, weil sie so viel Zeit brauchte, um Alberto immer wieder zu beruhigen.

„Ich weiß, daß ich sie nicht so oft anrufen sollte", sagte Alberto. „Aber es ist, als ob der Druck in mir immer größer wird, bis ich sie schließlich anrufen muß. Diese Gedanken quälen mich schrecklich. Aber ich werde sie nicht eher los, bis ich mit ihr spreche."

„Dann fühlst du dich also besser, und der Druck läßt nach, wenn du Eliza angerufen hast?" fragte ich.

„Ja, für eine Weile. Aber dann kommen die Gedanken wieder."

„Wie lange dauert das?"

„Nun, manchmal fühle ich mich für eine viertel Stunde besser. Manchmal sogar eine halbe Stunde lang."

„Und dann denkst du wieder, daß sie doch mit einem anderen Mann zusammen ist, auch wenn das, als du angerufen hast, noch nicht der Fall war?"

„Ja, genau. Dabei weiß ich eigentlich selbst, wie lächerlich das ist. Eliza ist wirklich ganz anders als alle Mädchen, mit denen ich mich bisher getroffen habe. Sie hält immer Wort. Das haben die anderen nie getan. Aber wie kann ich sicher wissen, ohne die Spur eines Zweifels, daß sie mich nicht doch irgendwann verläßt?"

„Wissen kannst du das nicht. Du kannst auch nicht wissen, daß du sie nie verläßt. Sie will dich nie verlassen. Und ich weiß, daß du sie auch nicht verlassen willst. Du kannst nur jeden Tag Gott vertrauen, daß er dich an diesem Tag ihr treu sein läßt. Genauso mußt du dich entschließen, Gott zu glauben, daß er Eliza dir treu sein läßt. Wenn Gott euch zusammengeführt hat, dann wird er, wenn ihr beide jeden Tag so lebt, euch gegenseitig treu sein lassen."

„Aber ich habe diese schreckliche Angst in mir, die immer größer wird, bis ich Eliza einfach anrufen muß. Ich versuche,Gutes über sie zu denken, aber es hilft nichts."

„Gibt es neben der Angst noch etwas anderes in dir?" fragte ich. „Bitte Jesus, es dir zu zeigen. Sage ihm: ‚Jesus, bitte laß mich erkennen, was außer dieser Angst noch in mir ist.'"

Als Alberto das gebetet hatte, sagte er: „Was mir in den Sinn kommt, ist ein Durcheinander."

„Angst" und „Durcheinander" schrieb ich mir schnell auf und fragte ihn dann: „Und was noch?"

„Eigensinn und Eifersucht, Mißtrauen und Elend, Isolation und Verrücktheit ..." Meine Liste wurde immer länger. Zutiefst unter allem andern fand Alberto eine schreckliche Angst, die sein ganzes Leben terrorisierte.

„All diese Dinge bringen Lügen in deine Gedanken", sagte ich zu Alberto, als er mit seiner Aufzählung zu Ende war. „Weißt du, was das für Lügen sind, die in deinen Sinn kommen?"

„Meinst du diese Dinge: ‚Vielleicht spricht Eliza gerade mit einem anderen Mann, und du weißt es nicht einmal.' ‚Bestimmt passiert etwas Schlimmes. Das ist ja immer so.' ‚Du hast alles versucht, und nichts hat geklappt. Diesmal wird das auch nicht anders sein.' ‚Ich werde dir dein Leben verderben, ganz gleich, was du tust, denn ich bleibe immer bei dir.'"

„Erkennst du die Lügen in diesen Gedanken?" fragte ich nach.

„Aber es ist auch Wahrheit darin", protestierte er. „Ich habe wirklich alles versucht, und nichts hat geklappt."

„Natürlich ist ein bißchen Wahrheit mit darin. Wenn in diesen Lügen nicht auch ein bißchen Wahrheit wäre, würdest du überhaupt nicht darauf achten. Dein Feind weiß das, deshalb legt er gerade so viel Wahrheit in jede Lüge, daß du darauf hörst und sie dich in ihren Bann zieht. So hindert er dich zu merken, daß dieser Gedanke zum größten Teil aus Lüge besteht."

Alle Versuchungen, die uns begegnen, enthalten ein bißchen Wahrheit. Das ist so, weil Satan immer mit etwas Gutem beginnt, das Gott erschaffen, getan oder gesagt hat. Dann fügt Satan eine Kleinigkeit hinzu, zieht etwas anderes ab und verdreht das Ganze solange, bis genau das Gegenteil von dem herauskommt, was Gott ursprünglich wollte.

Dies kleine Stückchen Wahrheit hält uns Satan so vor Augen, daß es uns blendet, und wir gar nicht mehr merken, was er hinzugefügt oder was er weggelassen hat. Aus diesem kleinen bißchen Wahrheit schließen wir, daß die ganze Sache zutrifft, und merken nicht, daß selbst das ursprüngliche Stückchen Wahrheit in seinem neuen Zusammenhang nicht mehr stimmt.

Das erklärte ich Alberto. Und dann fuhr ich fort: „Wir wollen uns einmal diese eine Lüge vornehmen, daß du, was deine zwanghaften Gedanken betrifft, alles versucht hast, aber nichts geholfen hat, und dies auch immer so bleiben wird. Welcher Teil dieser Lüge ist zutreffend?" fragte ich Alberto.

„Ich habe wirklich vieles versucht. Aber nichts hat geholfen."

„Ja, so weit stimmt die Sache. Und was ist zu dieser Wahrheit hinzugekommen?"

„Vielleicht daß ich alles versucht habe?" meinte Alberto nach einigem Nachdenken.

„Genau. Denn du hast vielleicht alles versucht, was du an Möglichkeiten gesehen hast, aber bestimmt nicht alles, was es gibt. Und was ist von der Wahrheit weggenommen worden?"

Das irritierte Alberto. Er konnte sich nicht vorstellen, was von der ursprünglichen Wahrheit weggelassen worden sein sollte.

„Wie ist es mit Gottes Verheißungen?" half ich ihm schließlich auf die Sprünge. „Hat Gott für Zeiten der Versuchung nicht irgendwelche Verheißungen gegeben, die diese Situation betreffen? Davon wurde in der Lüge nichts erwähnt."

„Ja", antwortete Alberto nachdenklich. „Gott hat versprochen, daß er uns immer einen Weg aus unseren Versuchungen heraus zeigen würde. Er hat gesagt, daß sie niemals größer sein sollen, als daß wir sie durchstehen können. Aber ist das Ganze wirklich eine Versuchung oder ist es nur einfach meine Verrücktheit?“

„Wenn das keine Versuchung ist, die darauf abzielt, deine schöne Beziehung zu Eliza zu zerstören, was ist es dann?“ fragte ich. „Stimmt es etwa nicht, daß eure Liebe zerbrechen wird, wenn du weiter deinen zwanghaften Gedanken nachgibst? Übrigens fehlt auch dieser Gesichtspunkt in deinem ursprünglichen Gedanken. Natürlich ist das Ganze eine Versuchung, und Gott hat dir seine Verheißungen dafür gegeben.“

Wenn eine Versuchung auf uns zukommt, dann ist da leider kein Zettel angeheftet, auf dem steht: „Dies ist eine Versuchung. Du kannst alle Verheißungen Gottes in Anspruch nehmen, um gegen sie anzugehen.“ Zum Teil wird sie erst dadurch wirklich zu einer Versuchung, daß wir sie nicht sofort erkennen. Wenn wir die Lügen, die uns in den Sinn kommen, als Versuchungen registrierten, dann wüßten wir genau, wie wir damit umzugehen hätten.

„Was würdest du tun, Alberto, wenn dir ständig der Gedanke käme, eine Bank auszurauben?“ fragte ich nun weiter.

„Ich würde ihm sagen, er soll abhauen!“ lachte er.

„Genau. Du würdest überhaupt nicht auf diese Versuchung achten, denn sie betrifft eine von deinen starken Seiten. Du bist kein Mann, der Banken ausraubt. Du würdest diesen Gedanken gar nicht erst Fuß fassen lassen. Aber wenn dir in den Sinn kommt, daß dir sowieso nicht zu helfen ist, dann klingt das überaus einleuchtend. Dann merkst du nicht einmal, daß du versucht wirst, weil da dein schwacher Punkt ist.“

Bei Jesus versuchte es Satan mit demselben Trick (Matthäus 6,5-7). Satan drängte Jesus: „Beweise, daß du Gottes Sohn bist, indem du dich von der Zinne des Tempels hinabwirfst. Denn es steht geschrieben, daß die Engel dich auf ihren Händen tragen werden, damit du deinen Fuß nicht an einen Stein stößt.“

Satan zitierte hier tatsächlich ein Bibelwort aus Psalm 91. Aber er ließ den Zusammenhang weg. Psalm 91 beginnt nämlich so: „Wer unter dem Schirm des Höchsten sitzt und unter dem Schatten des Allmächtigen bleibt, der spricht zu dem Herrn: Meine Zuversicht und meine Burg, mein Gott, auf den ich hoffe.“

Daß Jesus nicht mehr „unter dem Schirm des Höchsten" wäre, wenn er sich selbst vom Tempel hinabstürzte, um zu beweisen, daß er Gottes Sohn war, das hat Satan nicht erwähnt. Hätte Jesus Satans Vorschlag befolgt, dann wäre Gott, der ihn zu seiner Zeit als seinen Sohn beglaubigen wollte, nicht mehr „seine Zuversicht und seine Burg" gewesen. Und damit hätte dann auch der Rest des Psalmes nicht mehr für Jesus gegolten. Diesen Teil der Wahrheit hat Satan natürlich weggelassen.

Und er hat auch etwas hinzugefügt, nämlich daß Jesus, wenn er sich auf diese Verheißung berief, beweisen konnte, daß er Gottes Sohn war. Indem er etwas wegließ, etwas hinzufügte und das Ganze durcheinanderbrachte, verdrehte Satan Gottes Verheißung in eine Lüge. Jesus merkte das und fiel nicht darauf herein. Wir Menschen allerdings lassen uns oft täuschen und erkennen die Lügen in den Versuchungen nicht.

Ich erklärte Alberto, daß Satan in den Bereichen unseres Lebens Fuß fassen und „Festungen" errichten kann, in denen wir Ärger und Verletztheit und Angst nicht loswerden. Wir müssen unsere geistlichen Waffen nutzen, um diese Festungen im Namen Jesu zu zerstören (2. Korinther 10,2.4). Die Angst, das Durcheinander, die Eifersucht und was Alberto sonst noch in sich selbst entdeckt hatte und dazu noch die Lügen, die ihm immer wieder in den Sinn kamen, alles das hatte dazu beigetragen, daß der Feind sich in seinem Leben festsetzen konnte.

„Kannst du dich entschließen, die Lügen und all das andere, das Jesus dir gezeigt hat, zu widerrufen und aus deinem Leben hinauszuwerfen?" fragte ich Alberto.

„Ja", antwortete er, „ich kann so nicht mehr weitermachen. Sonst wird am Ende alles Schöne zerstört, das Gott mir geben will. Ich will frei sein."

„Dann möchte ich, daß du im Namen Jesu alle diese Dinge bindest und aus deinem Leben hinaus wirfst. Sage: ‚Ich erkläre im Namen Jesu, daß ich diesen Dingen in meinem Leben keinen Raum mehr gebe. Ich widerrufe und binde und treibe aus Angst, Furcht, Durcheinander, Eigensinn, Eifersucht, Mißtrauen ...'"

Ich las ihm all die Dinge vor, die Jesus ihm gezeigt hatte, und auch alle Lügen, die er erwähnt hatte. Alberto nannte eine nach der anderen beim Namen, widerrief sie, band sie und trieb sie aus seinem Leben aus.

Dann führte ich Alberto in seinem Gebet weiter, und er sprach es mir nach: „Ich fordere nun den Raum in meinem Leben zurück, den diese Dinge besetzt gehalten haben, und weihe ihn Jesus. Herr Jesus, komm und nimm deinen Thron ein. Sage mir, was ich denken, sagen, fühlen, tun und sein soll, und durch deine Gnade werde ich das tun. Sage mir auch, was ich nicht denken, sagen, fühlen, tun und sein soll, und durch deine Gnade werde ich es lassen. Ich gebe dir Eliza jetzt, Herr Jesus. Und ich akzeptiere, daß du sie mir gegenüber – und auch mich ihr gegenüber – treu sein läßt. Ich entschließe mich, meine Augen auf dich zu richten, Herr Jesus, statt auf das, was meine Gedanken mir über Eliza einflüstern wollen. Ich entscheide mich, auf deinem Weg zu gehen."

Ich zeigte Alberto dann anhand von 2. Korinther 10,4.5, daß wir Gedanken und alles Hohe zerstören sollen, das sich gegen die Erkenntnis Gottes erhebt, und alles Denken gefangennehmen müssen in den Gehorsam gegen Christus. Deshalb müsse er sich klarmachen, was für zwanghafte Gedanken er habe und mit welchen Argumenten sie ihn hereinlegten.

„Fangen wir mit diesem Gedanken an, daß Eliza sich mit einem anderen Mann unterhält, Alberto. Wie sieht in diesem Fall die Wahrheit aus, die Gott kennt?"

„Daß Eliza überhaupt nicht mit einem anderen zusammen ist. Sie hat es mir ja gerade eben noch gesagt."

„Gut. Dieser Gedanke, der immer wieder hochkommt, ist also eine Lüge. Nun nimm zu dieser falschen Behauptung noch den anderen Gedanken hinzu, daß du tun kannst, was du willst, und dir doch nichts gelingt. Was ist das dann? Ist es eine Versuchung oder nur eine verrückte Idee?"

„Na ja", sagte Alberto nachdenklich, „so habe ich noch nie darüber nachgedacht. Ich nehme an, ich werde versucht durch eine Lüge und eine falsche Behauptung, die gegen Gottes Wahrheit steht."

„Und was sollen wir nach jenem Vers aus 2. Korinther mit solchen Gedanken tun?"

„Sie zerstören; genauso, wie wir die Festungen Satans in uns zuerstören sollen."

„Richtig. Jesus sagte zu Satan, als der ihn versuchte: „Geh weg von mir, Satan!“ (Matthäus 16,23.) Jesus hat dir, weil du ihm gehörst, die Vollmacht und das Recht gegeben, in seinem Namen dasselbe zu tun. Wenn dir also diese Gedanken durch den Kopf schießen, kannst du sagen: ‚Du, der du mir diesen Gedanken eingegeben hat, ich befehle dir im Namen Jesu: Verschwinde aus meinem Leben. Mein Verstand und mein Denken gehören Jesus. Du hast da keinen Raum.‘ Und dann sage: ‚Danke, Herr Jesus, daß dieser Gedanke eine Lüge ist. Danke, daß Eliza nicht mit einem anderen zusammen ist. Danke für die gute Beziehung, die du uns gibst.‘“

„Das ist ja fast, als ob ich meinen eigenen Gedanken eine Strafpredigt halte“, sagte Alberto.

„Stimmt. Aber du mußt gegen jede Lüge angehen, sobald dir eine in den Sinn kommt. Sonst setzt sie sich wieder in dir fest.“

„Aber was ist, wenn ich vergesse, was ich sagen muß?“ fragte er.

„Schreibe dir deine Strafpredigt auf und trage den Zettel bei dir. Dann kannst du ihn rausholen, wenn du merkst, daß dich diese zerstörerischen Gedanken wieder überwältigen wollen“, antwortete ich.

Als Alberto eine Woche später wieder zu mir kam, leuchteten seine Augen. „Ich habe es nicht jedes Mal geschafft, diese Lügen rauszuschmeißen“, sagte er, „aber ich glaube, ich bin über den Berg. Immer wenn ich meinen Gedanken diese Strafpredigt hielt, gingen sie kurz darauf zurück, und ich konnte wieder an etwas anderes denken.“

Langsam wurde Alberto von dem inneren Zwang frei, Eliza anzurufen. Doch nun quälte ihn der Gedanke, daß sie sich mehr um ihren Job und ihr Studium kümmerte als um ihn.

„Alberto, du hast nun deine Vordertür gut gegen die Gedanken geschützt, Eliza könnte mit einem anderen Mann zusammensein. Kann es sein, daß der Feind es mit seiner Versuchung jetzt an deiner Hintertür probiert?“ fragte ich.

„Nein, nein“, protestierte er. „Diesmal habe ich echte Gründe. Sie hat ein paar Mal abgelehnt, mit mir auszugehen. Sie sagte, sie müsse noch ein Referat fertigschreiben. Aber das hätte sie auch am nächsten Tag tun können.“

„Was hat Eliza denn dazu gesagt?“

„Dann müsse sie Überstunden bei ihrer Arbeit machen. Siehst du? Das zeigt doch, daß sie ihr Studium und ihren Job wichtiger nimmt als mich."

„Hätte sie vielleicht ihre Stelle verloren, wenn sie sich geweigert hätte, länger zu bleiben?"

„Nein, das glaube ich nicht. Die Kinder, auf die sie aufpassen muß, hätten nur ein paar Stunden allein bleiben müssen."

„Ach, so war das. Weil Eliza verantwortungsbewußt ist, wollte sie die Kinder nicht alleinlassen. Und was wäre passiert, wenn sie ihr Referat nicht rechtzeitig abgegeben hätte?"

„Dann hätte sie eine schlechtere Note bekommen, und sie braucht in diesem Fach eine gute Zensur."

„Dann war Eliza also so verantwortlich, dafür zu sorgen, daß sie früh genug fertig wurde. Bitte erzähle mir doch mal", sagte ich zu Alberto, „willst du wirklich, daß Eliza, was ihr Studium und ihren Job betrifft, unverantwortlich handelt? Wenn sie so verantwortungslos gewesen wäre, die Kinder im Stich zu lassen, dann könnte es doch sein, daß sie sich auch dir gegenüber einmal so verantwortungslos verhält."

Alberto dachte eine Weile nach, und dann sagte er langsam: „Nein, das wünsche ich mir eigentlich nicht. Daß sie so verantwortungsbewußt ist, schätze ich sehr an ihr."

„Wie würdest du jetzt also diesen neuen Gedanken beurteilen, daß Eliza ihr Studium und ihr Job wichtiger ist als du? Ist er wahr, oder ist es doch eine neue Versuchung, die durch die Hintertür hereinkommen und eure Beziehung zerstören will?"

„Es hat unserer Beziehung bereits geschadet", gestand Alberto ein. „Wir hatten eine schlimme Auseinandersetzung wegen dieser Sache. Ich habe schon gedacht, Eliza liebt mich überhaupt nicht mehr."

„Was willst du jetzt also tun?"

„Ich werde diesen Gedanken im Namen Jesu rausschmeißen. Und dann werde ich mich bei Eliza dafür entschuldigen, daß ich deshalb so mit ihr gestritten habe."

„Gut", sagte ich. „Damit wäre die Geschichte erledigt. Aber ich muß dich warnen. Jesus hat gesagt, daß der Satan wie ein Dieb ist. Wenn ein Dieb sieht, daß Vorder- und Hintertür bewacht sind, versucht er, durch die Fenster einzudringen. Du hast nun die Gedanken besiegt, die zu deiner Vordertür hereinwollten, nämlich daß Eliza mit einem andren Mann zusammensein könnte. Und du bekämpfst die Gedanken an deiner Hintertür, daß Eliza ihren Job und ihr Studium wichtiger nimmt als dich. Mach dich darauf gefaßt, daß nun irgendwelche neuen Gedanken zu deinen Fenstern hereinkommen wollen. Wir wissen nicht, wie sie aussehen. Aber es werden Gedanken sein, die zerstörerisch auf eure Beziehung wirken, wenn du ihnen nachgibst.

Wenn dir also wieder irgend etwas durch den Kopf schießt, dann prüfe es. Dabei denke daran, daß du zunächst das Gefühl haben wirst, dieser Gedanke sei wahr. Frage dich, ob euch dies näher zusammenbringt oder ob es euch auseinanderreißt. Und dann hast du die Wahl, wie du damit umgehen willst. Willst du einem Gedanken nachgeben, der eure Beziehung untergräbt, oder willst du ihn abweisen und Gott danken, daß dies nur eine Versuchung war und daß Eliza dir treu ist?"

Alberto lernte nach und nach, immer besser zu unterscheiden zwischen zerstörerischen Gedanken, durch die er versucht wurde, und aufbauenden Gedanken, die von Gott kamen. So kam er in eine innere Ruhe und einen Frieden, den er zuvor nicht gekannt hatte.

„Ich bin diese zwanghaften Gedanken noch immer nicht ganz los", sagte er später. „Aber nun habe ich das Rüstzeug, um sie zu erkennen. Und ich weiß jetzt, wie ich mit ihnen fertigwerden kann. Mein Leben verändert sich."

Roger und Alberto hatten beide die Wahl, was sie mit ihren Gedanken anfangen wollten. Sie wählten den Weg, der sie von ihren zwanghaften Gedanken befreite. Sie lernten, zu unterscheiden zwischen den Gedanken, durch die Gott zu ihnen sprechen wollte, und den anklagenden, zwanghaften Gedanken, durch die der Feind ihre Beziehung zu Gott und zu anderen Menschen zerstören wollte.

Um unsere Möglichkeiten, zwischen Gottes Angebot der Freiheit und unseren alten Gebundenheiten zu wählen, soll es im nächsten Kapitel gehen.

Kapitel 6: Jeder kann wählen

Gott zwingt uns nie, etwas gegen unseren Willen zu tun. Er läßt uns die Freiheit zu wählen, in welche Richtung wir gehen wollen. Wir können seinen Weg erwählen und in wahre Freiheit gelangen, oder wir können weiter unseren eigenen Weg gehen. Dann wird alles beim alten bleiben, oder wir geraten in noch tiefere Bindungen.

Gott sehnt sich danach, uns in seine Freiheit zu führen. Er ruft uns bei unserem Namen und streckt uns seine Hand entgegen. Aber wir haben oft Angst davor, ihm zu vertrauen, denn manchmal führt in unseren Augen sein Weg in die verkehrte Richtung.

Ich möchte unser Inneres einmal mit dem Wasser des Meeres vergleichen. An der Oberfläche werden die Wellen vom Wind hin- und hergetrieben. Aber wenn man tief genug ins Meer hineintaucht, findet man ruhiges, stilles Wasser. Auch der wütendste Sturm, der die Oberläche aufwühlt, kann dieses Wasser nicht erreichen. Dort fließen die Strömungen ungehindert in ihren Bahnen.

Ähnlich ergeht es uns mit unseren Gedanken und Gefühlen. Von allem, was wir sehen und erleben, werden sie wie Wellen hin- und hergeworfen. Einmal sind wir glücklich und zufrieden oder gar in Hochstimmung, und gleich danach fühlen wir uns deprimiert. Aber tief unter unseren Gedanken und Gefühlen findet sich ein ruhiger Raum. Dort können wir frei entscheiden, was wir mit den Stürmen anfangen wollen, die unser Leben aufwühlen. Wir können versuchen, unsere Gedanken und Gefühle unter Kontrolle zu bekommen, indem wir sie leugnen oder verdrängen. Aber was wir unterdrücken, kommt in Form von Krankheiten oder zwanghaften Gedanken wieder hervor. Eine andere Möglichkeit ist, unser Verhalten von unseren Gedanken und Gefühlen bestimmen zu lassen. Doch dann werden wir unbeständig und orientierungslos.

Wir können aber auch Gottes Weg wählen, der uns aus unserem Dilemma herausführt. Jesus ist gestorben, um uns davon zu befreien, daß wir von unseren Gedanken und Gefühlen beherrscht werden. Er hat uns die Autorität verliehen, in seinem Namen gegen den Feind anzugehen, der uns in Bindungen festhalten und uns wie die Wellen des Meeres hin- und herwerfen will. Tief unter unseren widersprüchlichen Gedanken und Gefühlen haben wir die Freiheit der Wahl: entweder unseren eigenen Weg weiterzugehen und in der Knechtschaft zu bleiben oder in Jesu Namen die Freiheit zu erlangen. Das gelingt uns nicht durch positive Gedanken oder gute Vorsätze. Nur Jesus kann uns befreien. Aber niemand, nicht einmal Gott selbst, kann uns zwingen, diesen Weg zu gehen. Wir müssen ihn freiwillig wählen.

Im letzten Kapitel sahen wir, wie Alberto von seinen Gefühlen durcheinandergeschüttelt wurde. Er war ihnen so wehrlos ausgeliefert wie Meereswellen dem Sturm. Aber tief unter allen Stürmen hatte Alberto die Freiheit, sich zu entscheiden, was er mit seinen Gedanken und Gefühlen anfangen wollte. Er hatte die Freiheit, ihnen in der Vollmacht des Namens Jesu zu gebieten, daß sie ihn verlassen sollten. Er konnte wählen, ob er seine Gedanken weiterhin als Wahrheit ansehen wollte oder als Versuchungen.

Alberto hätte sich auch entscheiden können, nicht den Weg zur Freiheit zu beschreiten. Manche Menschen haben so große Angst davor, die Kontrolle über ihr Leben zu verlieren, daß sie diesen Weg nicht gehen wollen. Bei John war das so.

John

Obwohl John nur fünf Kilometer von seiner Arbeitsstelle entfernt wohnte, kam er oft zu spät. Wenn er auf der Fahrt nur das geringste verdächtige Geräusch hörte, hielt er an, um nachzuschauen, ob er einen Menschen oder ein Tier angefahren hatte.

„Wenn du nun wirklich jemanden überfahren hast und er liegt blutend an der Straße?“ Dieser Gedanke hämmerte in seinem Kopf und ließ sich nicht unterdrücken. „Wenn du nicht anhältst und ihm hilfst, dann bist du für seinen Tod verantwortlich. Dann bist du ein Mörder. Du hast die Verantwortung.“

Wenn er dann anhielt, war natürlich nichts zu sehen. Aber das beruhigte ihn noch nicht. „Der, den du angefahren hast, konnte vielleicht noch ein Stück weit laufen, und nun liegt er da und leidet. Geh zurück und schau nach. Es ist deine Verantwortung."

Also fuhr John die ganze Strecke noch einmal ab, um nachzuschauen, was dieses leise Geräusch verursacht haben könnte. Er mußte zwei Stunden einplanen, um die fünf Kilometer bis zu seiner Arbeitsstelle zu fahren, und trotzdem kam er noch oft zu spät.

In seiner Kindheit war Johns Zuhause ein einziges Chaos gewesen. Beide Eltern waren drogen- und alkoholabhängig. Prügeleien, Polizeirazzien, Gewalttätigkeiten und Hunger waren an der Tagesordnung. Ein mitfühlender Nachbar nahm den kleinen John mit in eine Sonntagsschule. Dort hörte er von der Liebe Jesu und nahm ihn als seinen Erlöser an. Jesus wurde Johns innere Zuflucht. Wenn die Dinge unerträglich wurden, fand John Trost in dem Gedanken, daß wenigstens Jesus ihn verstand und für ihn sorgte.

Weil sich seine Eltern nur noch um ihre Sucht drehten, kümmerte sich niemand um John und seine sechs jüngeren Geschwister. John war noch ganz klein, als er schon jede Nacht aufbleiben mußte, bis seine Eltern in den frühen Morgenstunden nach Hause kamen, um ihnen dann ins Bett zu helfen. Mehrmals konnte er Vater oder Mutter gerade noch davor bewahren, an ihrem Erbrochenen zu ersticken oder in der Badewanne zu ertrinken.

John versuchte, seine Welt in Ordnung zu halten, indem er alle Verantwortung übernahm und möglichst alles richtig machte. Er dachte, wenn er alles unter Kontrolle behielte und nie einen Fehler machte, dann würde vielleicht Friede in ihre Familie einziehen und möglicherweise würden sich seine Eltern dann auch ändern. Aber seine Eltern änderten sich nie. Und es gab auch nie Frieden. Deshalb versuchte John, immer perfekter zu werden. Er wusch die Wäsche, putzte, kochte, versorgte die Babys, als sie eins nach dem anderen ankamen, und strengte sich an, auch noch seine Hausaufgaben für die Schule zu schaffen. In seiner ständigen Angst vor der nächsten familiären Katastrophe versuchte er vorauszusehen, was Schlimmes geschehen konnte, und es schon von vornherein zu verhindern. Aber es gelang ihm nie, so perfekt zu werden, daß sich bei ihm zu Hause etwas änderte.

John heiratete eine Frau, die Verständnis hatte für seine Ängste und seinen zwanghaften Perfektionismus. Ihre vier Kinder nahmen schon früh Jesus als ihren Heiland an. Aber die Ängste ihres Vaters hingen wie eine dunkle Wolke über der Familie. Die Kinder lernten mit der Zeit, sie abzuschütteln. Aber das mißfiel John, weil das für ihn hieß, daß sie ihn nicht ernst nahmen.

Als John zu mir in die Beratung kam, fiel es ihm sehr schwer, mir die Geschichte seiner Familie zu erzählen. Er glaubte, daß er seine Eltern beschuldigte, wenn er sich eingestand, wie verantwortungslos und grausam sie gewesen waren. Aber Jesus kann nur das heilen, was wir ihm bringen, und sein Licht kann nur in die dunklen Bereiche unseres Lebens scheinen, die wir ihm öffnen.

Stückchenweise brachte John die schmerzvollen Szenen seiner Vergangenheit zu Jesus, damit er sie heilen konnte. Diese Bereiche wurden für ihn zu Oasen, wo er Frieden fand und sich ausruhen konnte.

„Aber da ist immer noch so viel, was ich dir noch nicht erzählt habe", stöhnte John. „Diese Gedanken, daß ich jemanden verletzt oder getötet haben könnte, die quälen mich auch noch immer. Ich halte es nicht mehr aus. Ich muß das alles loswerden."

„Dann wirf den Feind, der dir diese Gedanken eingibt, aus deinem Leben hinaus", antwortete ich. „Durch Jesus hast du die Vollmacht zu sagen: ‚Du, der mir diese Gedanken eingibt, ich binde dich im Namen Jesu und befehle dir, aus meinem Denken zu verschwinden.'"

John betete das, und ich fragte ihn danach: „Wie oft hast du eigentlich in diesen zwanzig Jahren, in denen du die fünf Kilometer zu deiner Arbeit fährst, jemanden überfahren?"

„Nie", antwortete er stolz. „Ich bin ein vorsichtiger Fahrer."

„Du hast also, wenn du umgekehrt bist, nie ein Tier oder einen Menschen gefunden, den du angefahren hast?" fragte ich weiter.

„Nein, wirklich nie."

„Dann könntest du doch einmal etwas Neues wagen. Wenn du morgen zur Arbeit fährst und ein verdächtiges Geräusch hörst, laß dich davon nicht irritieren, sondern bete: ‚Gott, das hat sich angehört, als ob ich jemanden angefahren habe. Aber im Namen Jesu wehre ich diesen Gedanken jetzt ab, den mir der Feind eingibt. Danke, Herr Jesus, daß du mich von diesen Gedanken befreien willst. Ich wähle jetzt meine Freiheit."

Doch sofort kam Johns Angst wieder hoch. „Wenn ich nun doch jemand angefahren habe? Dann liegt der Ärmste da und leidet."

„Dann gib Jesus die Verantwortung dafür, was es auch gewesen sein mag. Jesus wird sich darum kümmern. Sage dann zu Jesus: ‚Ich gebe dir jetzt die Verantwortung für das, was dieses Geräusch verursacht hat. Wenn ich etwas überfahren habe, dann schicke bitte jemanden, der hilft. Ich glaube diese Lüge, ich sei dafür verantwortlich und müsse zurückfahren und danach schauen, nicht mehr. Du kannst für das alles viel besser sorgen als ich. Jesus, ich gebe dir meine Angst. Ich öffne mich für dich, damit du mir deinen Frieden gibst.'"

Doch John ängstigte sich nur um so mehr. „Aber dann könnte mich die Polizei wegen Fahrerflucht belangen!"

„Wenn dir dieser Gedanke durch den Kopf geht, dann bete: ‚Jesus, du bist immer mein Freund gewesen und hast für mich gesorgt. Ich glaube dir, daß du auch jetzt für mich sorgst. Ich akzeptiere, daß diese Gedanken Lügen von Satan sind, der mich in Unfreiheit halten will. Danke, daß du mich von dieser Sache befreien willst. Ich nehme deine Freiheit an.'" John versprach, daß er versuchen wollte, so zu beten.

In dieser Zeit legte ich John nahe, zu einem Psychiater zu gehen und sich Medikamente geben zu lassen, die sein Gedankenkarussell zur Ruhe brachten. Doch er wollte zu niemandem gehen, der kein Christ war. Als ich ihm dann die Anschrift eines christlichen Psychiaters gab, zögerte er immer noch.

„Ich meine, ein Christ sollte es nicht nötig haben, Medikamente zu nehmen. Ich möchte, daß Gott diese Sache in die Hand nimmt", beharrte er.

„Natürlich will Gott sich darum kümmern", antwortete ich. „Aber machmal funktioniert unser Körper nicht richtig. Dann können Medikamente die Körperfunktionen unterstützen. Wenn jemand zuckerkrank ist, braucht er Insulin. Insulin ermöglicht dem Körper, Zucker zu verarbeiten. Wenn der Psychiater dir Tabletten verschreibt, werden die ähnlich wirken. Sie würden dein Gehirn dabei unterstützen, deine Gedanken zu ‚verarbeiten', und dann wären sie nicht mehr so bedrängend. Würdest du Insulin nehmen, wenn du zuckerkrank wärest?"

„Natürlich", nickte John. „Aber das hier ist für mich etwas anderes. Ich habe das Gefühl, daß ich Gott nicht richtig vertraue, wenn ich wegen meiner Gedanken Medikamente nehme. Ich möchte es ohne Tabletten versuchen. Außerdem fühle ich mich auch so schon viel ruhiger. Ich muß nur noch halb so oft umkehren, um nachzuschauen, ob ich jemand überfahren habe. Laß uns das ohne Medikamente durchkämpfen."

Ich erklärte John den Bibelabschnitt 2. Korinther 10,3-6 und zeigte ihm, daß wir alle Gedankenfestungen zerstören müssen, die sich gegen die Erkenntnis Gottes erheben, und unser ganzes Denken Jesus unterstellen müssen.

„Schreibe einmal alle Gedanken und Sätze auf, die dir immer wieder durch den Kopf schießen", bat ich John, „und bringe deinen Zettel nächstes Mal mit. Dann können wir ihn gemeinsam durchschauen und die Lügen herauspicken."

In der nächsten Woche brachte John eine lange Liste mit. Wir unterteilten, was er aufgeschrieben hatte, in „Was ist, wenn"-, „Stell dir bloß vor"- und „Es kann aber sein"-Gedanken und Argumente. „Was ist, wenn du jemanden angefahren hast? Was ist, wenn er leidet? Es kann aber sein, daß es diesmal wirklich stimmt. Stell dir vor, deinen Kindern stößt etwas zu. Stell dir vor, deine Frau stirbt und läßt dich allein zurück. Was ist, wenn du doch kein echter Christ bist? ..." Und so weiter und so weiter. Es kam John vor, als ob sein ganzes Leben überflutet wäre von Angst und Durcheinander.

Gemeinsam suchten wir die Lügen in seinen Gedanken heraus, und stellten die Wahrheit Gottes dagegen. Gott wußte, daß er niemanden überfahren hatte. Gott wußte, daß niemand seinetwegen leiden mußte. Gott wußte, daß es diesmal ebensowenig stimmte wie die ganzen zwangzig Jahre vorher.

„John", sagte ich zu ihm, „als du ein Kind warst, hat Jesus dich getröstet, nicht wahr?"

„Ja", bestätigte er, „er war mein einziger Trost."

„Genauso sicher, wie er dich damals getröstet hat, will er dich jetzt frei machen. Er hat dir das Recht verliehen, in seiner Vollmacht diese Festungen des Feindes in deinem Leben zu zerstören und hinauszuwerfen. Gib laut diese Erklärung ab: ‚Im Namen Jesu binde ich jetzt die Angst und Verwirrung in mir mit all ihren

Lügen, und ich werfe sie aus meinem Leben. Ich fordere den Raum zurück, den sie in mir besetzt hielten, und übergebe ihn Jesus. Jesus, ich erkäre dich zum Herrscher über alle meine Lebensbereiche. Komm und nimm deine Herrschaft ein. Sage du mir, was ich denken, sagen, fühlen, tun und sein soll, und durch deine Gnade werde ich das sein. Sage mir, was ich nicht denken, sagen, fühlen, tun und sein soll, und durch deine Gnade werde ich das lassen.'"

John hörte mir aufmerksam zu. Er blieb eine Weile still und sagte dann: „Nein, das kann ich nicht."

„Warum nicht?" fragte ich. „Jesus hat am Kreuz diese Vollmacht für dich erkämpft. Er ist gestorben, um dir das Recht auf Freiheit zu geben."

„Aber es kommt mir nicht richtig vor. Ich kann diesen Dingen nicht einfach befehlen hinauszugehen."

„Was meinst du, was passieren könnte, wenn du diesen Dingen sagst, daß sie dich verlassen sollen, und sie tun das wirklich?"

„Ich weiß nicht", antwortete John. „Ich finde, das wäre nicht richtig. Sie sind immer dagewesen. Wenn sie weg wären, dann würde ja alles anders. Dann hätte ich keine Kontrolle mehr."

„Du würdest Jesus die Kontrolle übertragen. Als du noch ein Kind warst, ist bei euch zu Hause oft alles außer Kontrolle geraten. Deine Eltern haben Jesus nicht über ihr Leben bestimmen lassen. Aber auch da war Jesus dein Trost und dein Freund. Könntest du ihm vertrauen, daß er die Dinge unter Kontrolle hält, wenn du sie ihm überläßt? Er will dich nur frei machen. Tief unter diesem Sturm deiner Gedanken und Gefühle hast du die Wahl, zu akzeptieren, daß Jesus alle Dinge unter Kontrolle halten kann. Du fühlst zwar nicht, daß das stimmt, aber du kannst dich entschließen, deinen Mund aufzumachen und zu sagen: ‚Jesus, ich habe das Gefühl, wenn ich das tue, dann geraten alle Dinge außer Kontrolle. Ich kann nicht fühlen oder glauben, daß du dich um alles kümmern wirst. Aber ich akzeptiere, daß diese Gedanken und Gefühle Versuchungen sind, die mich in der Gebundenheit festhalten wollen. Ich sage jetzt dem Feind, der mir diese Gedanken eingibt: Ich binde dich im Namen Jesu und befehle dir, mich zu verlassen.' Das Übrige wird Gott tun."

„Eigentlich will ich das ja sagen", antwortete John, „aber es kommt mir nicht richtig vor. Diese Dinge sind immer in mir gewesen. Sie haben sich so tief eingeschliffen und sind mir so vertraut. Ich glaube nicht, daß ich sie loswerden kann. Und außerdem will ich erst einmal wissen, was dabei herauskommt, wenn ich so etwas Drastisches tue. Ich möchte mich nicht zu etwas überreden lassen, was ich nicht überblicken kann."

„Da hast du recht, John", gab ich zurück. „Ich nicht und auch sonst niemand darf dich überreden oder gar zwingen, etwas zu tun, was du nicht willst. Denk bis zu unserem nächsten Termin darüber nach und dann sag mir, wie du dich entschieden hast. Du mußt diesen Weg zur Freiheit nicht beschreiten. Es ist allerdings der schnellste und wirkungsvolle Weg aus Problemen wie deinen, den ich kenne. Du kannst auch noch einmal darüber nachdenken, ob du dir nicht doch Medikamente aufschreiben lassen willst, die deine Gedanken ein wenig zur Ruhe bringen, und dann später auf die Erklärung zurückkommen, die ich dir vorgeschlagen habe."

John versprach, ernsthaft über seine Entscheidung nachzudenken. Einige Tage später rief er mich an, um mir zu sagen, daß er sich von einem Psychiater Medikamente verschreiben lassen und seine Therapie bei mir nicht fortzuführen wollte. Er fühlte sich einfach nicht wohl dabei, jemand anderem die Kontrolle über sein Leben zu übertragen, auch wenn dieser andere Jesus sei. Er konnte nicht überschauen, was dieser Schritt für Konsquenzen hätte, und das war ihm zu riskant. Er beteuerte, das bedeute nicht, daß er seinem Glauben absage. Er sei nur nicht in der Lage, eine so grundlegende Entscheidung zu wagen.

Ich versicherte John, daß er die Freiheit habe, diesen Weg zu wählen. Sollte er, wenn die Medikamente seine Angst vermindert und seine Gedanken beruhigt hatten, den Wunsch haben, wieder zu mir zu kommen, wäre er mir willkommen.

Doch ich hörte nie wieder von ihm. Ich hoffe, daß ihm die Medikamente Erleichterung verschafft haben. Seine Angst, er könne die Kontrolle verlieren, war größer als der Wunsch, seine Schwierigkeiten zu überwinden und in Jesus Freiheit zu gewinnen. Er entschied sich für das, was in seinen Augen das kleinere Übel war.

Andere Menschen, so wie Mark, sind so gebunden, daß sie den Weg zur Freiheit nicht selbständig wählen können.

Mark

Mark war neunzehn Jahre alt, und seit drei Jahren hatte er das Haus seiner Eltern nicht mehr verlassen. Selbst aus seinem Zimmer ging er nur, wenn er essen wollte oder ins Bad mußte. Seine Tage verbrachte er damit, Heavy Metal-Musik zu hören und Keyboard zu spielen. Die Wände seines Zimmers waren mit Postern von seinen Lieblingsmusikern behängt. Er hatte langes, strähniges Haar. Seine Kleidung war, obwohl fast neu, überall eingerissen und -geschnitten. Aus lauter Verzweiflung brachte ihn seine Mutter zu mir zur Beratung. Sie erzählte mir seine Geschichte.

Eines Morgens vor fünfzehn Jahren hatten die Mitarbeiter eines Kinderheims in Kolunbien einen kleinen, verängstigten, verlassenen Jungen auf ihrer Eingangstreppe gefunden. Niemand wußte, wo er herkam oder wer ihn dorthin gebracht hatte. Keiner kannte seinen Namen und sein Geburtdatum. Sie schätzten ihn auf vier Jahre, gaben ihm das Datum, wo sie ihn aufgefunden hatten, als Geburtstag und nannten ihn Carlos. Langsam gewannen sie durch ihre Liebe und Fürsorge sein Zutrauen.

Allerdings konnten die Kinder nicht auf Dauer in diesem Heim bleiben. Sie wurden nur dortbehalten, bis jemand sie adoptierte.

Zu dieser Zeit beschloß ein junges christliches Ehepaar aus den USA, das schon zwei Kinder hatte, ihr Zuhause mit einem bedürftigen Kind zu teilen. Sie adoptierten Carlos und gaben ihm den neuen Namen Mark. Zwar verstand der kleine Mark die Sprache seiner neuen Eltern zunächst nicht, und sie konnten auch seine nicht verstehen. Trotzdem fing er an, Wurzeln zu schlagen und seiner neuen Familie zu vertrauen.

Doch als Mark zur Schule kam, spürte er, daß er anders war als seine Schulkameraden. Er schien überhaupt nicht zu ihnen zu passen. Die anderen Kinder hackten zwar nicht auf ihm herum, aber er fühlte sich ihnen nicht zugehörig. Wer war er wirklich? Das fragte er sich immer wieder. Er hatte keinerlei Erinnerungen an die Zeit vor seiner Adoption, und niemand konnte ihm seine quälende Frage beantworten.

Mark war seinem neuen Vater sehr zugetan und fing an, sich mit ihm zu identifizieren. Aber dann geschah ein Unglück. Einige Jahre, nachdem Mark in seine neue Familie gekommen war, begann sein Vater, sich zu verändern. Er fing an, Sachen von irgendwelchen Abfallhaufen mit nach Hause zu bringen. Er wollte sie reparieren und dann gewinnbringend verkaufen. Aber irgendwie kam er nie dazu, etwas in Ordnung zu bringen. So türmte sich der Müll im Haus immer höher, bis er auch im Hof und über das ganze Grundstück verteilt war. Und der Vater duldete nicht, daß irgend etwas weggeräumt wurde.

„Ich schämte mich so, wenn ich zugeben mußte, daß ich in diesem Haus wohnte“, sagte Mark. „Wenn ich aus der Schule kam, stieg ich immer an einer anderen Bushaltestelle aus und wartete, bis keiner von meinen Schulkameraden mehr da war. Dann rannte ich, so schnell ich konnte, zu unserem Haus und schlug die Tür hinter mir zu, damit niemand mich sehen konnte.“

Marks geliebter Vater fing an, seine Familie zu mißhandeln. Er lehnte es ab, irgendwelche Hilfe in Anspruch zu nehmen. Er habe keine Probleme, behauptete er. Seine Frau und die Kinder seien es, die Schwierigkeiten machten. Schließlich kam es so weit, daß Marks Vater die Familie verließ. Sie vermißten ihn schrecklich, aber es war fast eine Erleichterung, daß er gegangen war. Nun konnten sie endlich Grundstück und Haus entrümpeln, und die ständigen Auseinandersetzungen hörten auf.

Inzwischen ging Mark zur Highschool. Aber auch dort fühlte er sich als Außenseiter. Weil er endlich einmal akzeptiert werden wollte, fing er an, mit der Gruppe, die gerade „in“ war, Hasch zu rauchen. Schließlich versuchte er auch LSD. Doch sein erster LSD-Trip war fürchterlich. Jetzt sah er ein, daß dies nicht die richtigen Freunde für ihn waren. Nun plagten ihn Panikattacken, wenn er aus dem Haus ging. Alles schien ihm vor den Augen zu verschwimmen und er fühlte sich schwindelig. Schließlich weigerte er sich, überhaupt noch aus seinem Zimmer herauszukommen, und verbrachte seine Tage mit Heavy Metal-Musik und seinem Keyboard.

Während dieser drei Jahre, in denen Mark vollkommen in sich selbst zurückgezogen lebte, schleppte ihn seine Mutter zu verschiedenen Ärzten, die viele medizinische Untersuchungen vornahmen. Aber man konnte keine organische Erkrankung bei ihm feststellen, und kein Medikament bewirkte eine spürbare Besserung. Seine Angst ein wenig zu dämpfen war alles, was die Ärzte für ihn tun konnten.

Mark hatte schon mit neun Jahren Jesus als seinen Heiland angenommen und schon als kleiner Junge im Kirchenchor mitgesungen. Irgendwie wußte Mark auch jetzt, mitten in dem Durcheinander seiner Gefühle, daß Gott da war und ihn liebte. Aber er war böse auf Gott. Andere Menschen hatten einen Vater. Warum mußte er zwei Väter verlieren?

„Wenn Gott mich so sehr liebt, warum tut er dann nichts?“ fragte Mark erbittert. „Warum befreit er mich nicht von meinen Panikattacken? Warum macht er mich nicht gesund?“

„Ich bin überzeugt, daß Gott versucht, dir zu helfen“, versicherte ich Mark. „Du bist so sehr verletzt von all dem, was du erlebt hast. Jesus ist gekommen, um deine Verletzungen ans Kreuz zu tragen und dich davon zu befreien.“

„Und warum nimmt er sie mir dann nicht ab? Ich habe ihn so oft gebeten, mich zu heilen!“

„Jesus ist sehr rücksichtvoll“, sagte ich. „Er kommt nicht einfach zu uns hereingestürmt und reißt unsere Verletzungen aus uns heraus, sondern wartet, bis wir uns für ihn öffnen. Wenn wir ihm dann unsere Verletzungen übergeben, eine nach der anderen, trägt er sie für uns weg. Aber manchmal wissen wir nicht einmal richtig, was für Verletzungen wir haben, oder wir haben Angst davor, sie anzuschauen und sie wieder zu spüren. Dann können wir sie Jesus auch nicht geben. Und manchmal ist unser Inneres so mit anderen Dingen vollgestopft, daß wir nicht hören können, was Jesus uns über unsere Verletzungen sagt.“

„Aber Gott tut überhaupt nichts für mich. Er hört mich nicht einmal!“ protestierte Mark.

„Mark, Gott ist noch viel mehr daran gelegen, deine Verletzungen zu heilen, als dir selbst. Immerhin ist Jesus gestorben, damit er sie dir abnehmen kann. Gibt es in deinem Leben vielleicht etwas, das dich davon abhält, dich für ihn zu öffnen? Kannst du sagen: ‚Jesus, ich öffne mich ganz für dich. Wenn es in mir irgendetwas gibt, das mich davon abhält, dann zeig es mir bitte ?‘“

Mark wollte selbst nicht beten, aber er gab mir die Erlaubnis, das für ihn zu tun. Nach diesem Gebet erzählte er mir davon, daß er sich zu Hause fast ununterbrochen Heavy-Metal Musik anhörte. Wir sprachen über die Texte und Mark gestand ein, daß sie ihm nicht halfen, sich für Jesus zu öffnen. Aber er war nicht sicher, ob er diese Musik aufgeben konnte. Wieder gab er mir die Erlaubnis, deswegen für ihn zu beten. Ich legte ihm meine Hand auf den Kopf und band im Namen Jesu alles, was ihn davon abhielt, sich für Gott zu öffnen. Und dann löste ich in Mark die Fähigkeit, sich durch Gottes Kraft von allem zu lösen, was seine Heilung behinderte.

Als Mark eine Woche später wieder zu mir kam, erkannte ich ihn kaum wieder. Sein Haar war geschnitten und gekämmt, und er schien aufrechter zu stehen als in der Woche zuvor. Er erzählte, daß er alle Heavy Metal-Platten weggeworfen und die Poster mit den Musikgruppen von den Wänden genommen hatte. Aus seinem Zimmer hatte er alles geräumt, wovon er spürte, daß er sich davon lösen sollte. Nun fühlte er sich so frei wie seit langem nicht mehr.

Das war jedoch nur der Beginn des Kampfes um Marks seelische Heilung. Nach und nach brachten wir seine Verletzungen zu Jesus, und der innere Druck, unter dem er so lange gelebt hatte, nahm ab. Mark beharrte jedoch darauf, daß er für sich selbst nichts tun könne. Gott müsse alles tun. Er sagte Gott, wie er sich fühlte, und bat ihn, ihm seinen Schmerz zu nehmen. Aber er nutzte nie seine Autorität als Kind Gottes, um sich gegen etwas zu wehren.

Als der Schmerz seiner seelischen Wunden, an die er sich erinnern konnte, langsam nachließ, wagte Mark sich gelegentlich wieder aus dem Haus. Seine Mutter verschaffte ihm einen Platz in einer Tagesklinik, wo psychisch Kranke sich langsam wieder daran gewöhnen konnten, mit anderen Menschen zusammenzusein und einen Job aufzunehmen. Doch Mark war davon nicht angetan.

„Ich kann da nicht hingehen“, klagte er mir gegenüber. „Stell dir vor, ich würde ohnmächtig, wenn ich irgendwo draußen bin. Wie würde ich dann je wieder nach Hause finden?“

„Mark, als du ein kleiner Junge warst und dort vor dem Kinderheim allein gelassen wurdest, gab es niemanden, er dich nach Hause zurückbringen konnte. Doch nun bist du erwachsen und kannst selbst nach Hause finden.“

„Aber ich habe Angst, daß ich ohnmächtig werde und dann doch nicht mehr allein den Heimweg finde. Dann wäre ich wieder auf andere Leute angewiesen. Und wenn sie nicht wüßten, wer ich bin, könnten sie mich auch nicht zurückbringen."

„Und dann würdest du nie wieder nach Hause kommen, genauso, wie damals, als du ein kleiner Junge warst?" führte ich seinen Gedanken fort.

„Genau", bestätigte Mark mit bebender Stimme. Ehe wir weiter miteinander sprechen konnten, mußten wir die Angst und das Entsetzen jenes kleinen, verlassenen Jungen zu Jesus bringen. Wir baten Jesus, ihn zu heilen und zu trösten.

„Mark, bist du eigentlich irgendwann wirklich ohnmächtig geworden, wenn du dich in deinen Panikattacken so schwindlig fühltest?" fragte ich ihn anschließend.

„Nein, ich wüßte nicht", meinte er. „Aber mir war immer, als ob es gleich passieren würde."

„Dann ist anzunehmen, daß du auch in Zukunft dabei nicht ohnmächtig wirst", sagte ich. „Doch der Feind will dir mit diesem Gedanken Angst machen und dich davon abhalten, frei zu werden. Du mußt dir überlegen, was du mit dieser Lüge anfangen willst. Willst du sie glauben, oder willst du ihr im Namen Jesu befehlen zu verschwinden?"

„Das kann ich nicht", empörte sich Mark. „Was denkst du denn, wer ich bin? Bin ich etwa Gott? Ich will, daß Gott mich frei macht."

„Es stimmt, daß Gott dich befreien will. Aber in manchen Fällen mußt du selbst dich entschließen, die Lügen in deinem Leben auch Lügen zu nennen, und in der Vollmacht, die Jesus dir verliehen hat, dagegen anzukämpfen."

„Aber was denkst du eigentlich, wer ich bin? Ich kann das nicht!" wiederholte er.

„Mark, tu mir einen Gefallen. Bitte schreib alles auf, was dir durch den Kopf schießt, wenn du daran denkst, das Haus zu verlassen oder zur Kirche zu gehen oder dir einen Job zu suchen."

Mark tat das. Aber als wir dann versuchten, seine Liste gemeinsam durchzugehen, spürte ich, wie er sich auf einmal innerlich verschloß. Panik klang aus seiner Stimme. „Ich kann mich nicht entscheiden. Ich bin fest gebunden. Ich bin gefesselt. Ich kann nicht loskommen."

„Wo bist du, Mark?“ fragte ich ihn eindringlich. „Was siehst du innerlich?“

„Ich bin festgebunden. Ich kann nicht loskommen. Ich kann nicht frei werden.“

„Mark“, rief ich, „kannst du mich hören? Was passiert mit dir?“

„Ich bin festgebunden. Ich bin gefesselt. Ich bin geknebelt. Alles ist dunkel. Ich kann nichts sehen. Irgend etwas hält mich fest.“

Im Namen Jesu band ich, was immer Mark festhielt. Und dann rief ich einen Freund zu uns ins Zimmer, der ebenfalls Erfahrung im Kampf gegen Mächte der Finsternis hatte. In unserer Autorität, die Jesus uns gegeben hat, befahlen wir gemeinsam dem Feind, Mark freizugeben. Stück für Stück konnten wir so zu Mark hindurchdringen, bis er wieder normal antwortete.

„Was ist mit dir passiert?“ fragte ich ihn.

„Ich weiß es nicht“, antwortete er. „Ich sah mich nur plötzlich, wie ich geknebelt und an Armen und Beinen gefesselt war. Alles wurde dunkel. Es war, als ob es da nur noch ein winziges Fenster gab, das ein kleines bißchen Licht durchließ. Durch dieses Fenster konnte ich wie aus weiter Ferne deine Stimme hören. Als du den Namen Jesus aussprachst, kam ein wenig mehr Licht herein, bis ich schließlich ganz freikommen konnte.“

Mit Marks Einverständnis arrangierte ich für uns ein Treffen mit einigen mündigen Christen, die im geistlichen Kampf erfahren waren, damit wir zusammen beten und Marks Freilassung fordern konnten von dem, was ihn gebunden hielt. Doch als wir uns dann trafen, sperrte sich Mark plötzlich gegen unser Gebet.

„Ich bin nicht Gott“, wiederholte er immer wieder. „Ihr komischen Heiligen wollt, daß ich mich entscheide, einfach so frei zu werden“, schnippte er mit den Fingern. „Ich bin nicht Gott. Er muß das tun. Was denkt ihr, wer ich bin?“

„Mark, es geht nicht darum, daß du dich selbst befreist“, erklärten wir ihm. „Und es ist auch nicht so leicht, wie mit den Fingern zu schnippen. Es geht nur darum, daß du dich entschließt, deine Autorität über diese Dinge zu gebrauchen. Du brauchst nichts weiter zu tun, als deinen Mund aufzumachen und den Namen Jesu gegen das einzusetzen, was dich bindet.“

„Ihr seid doch verrückt!“ lachte er schrill und stampfte aus dem

Zimmer. Ich war nicht sicher, ob ich ihn wiedersehen würde. Wir verbrachten noch einige Zeit damit, den Feind zu binden, der so verzweifelt versuchte, Mark in Gefangenschaft zu halten. Und wir lösten in Mark die Fähigkeit, wünschen zu können, daß er zurückkam und frei wurde. Dann vereinbarten wir für den Fall, daß Mark damit einverstanden wäre, ein weiteres Treffen eine Woche später.

Am nächsten Tag kam Mark zu mir, um sich dafür zu entschuldigen, wie er uns am Abend zuvor sitzengelassen hatte. „Ich weiß überhaupt nicht, was mit mir los war", sagte er. „Es war, als ob etwas über mich käme, das ich nicht mehr kontrollieren konnte." Und er willigte ein, sich erneut mit der Gruppe zu treffen.

Am vereinbarten Abend erklärten wir Mark noch einmal, daß es Situationen gab, wo er sich entschließen mußte, selber die Autorität des Namens Jesu einzusetzen, um frei zu werden. Plötzlich schien er wieder ganz weit weg zu sein. „Ich kann nicht wählen. Ich bin festgebunden", schrie er, nach Luft schnappend. „Ich bin geknebelt und gefesselt."

Ich legte meine Hand auf seine Schulter und rief ihm zu: „Mark, kannst du mich hören?"

„Ja", antwortete er, „aber von ganz weit weg."

„Mark, du bist gefesselt und geknebelt. Du kannst dich nicht bewegen und kannst kaum sprechen. Aber irgenwo tief in dir gibt es einen Bereich, der nicht gebunden werden kann. Dort drinnen bist du frei zu wählen. Von diesem Bereich in dir sage jetzt mit mir: ‚Ich habe die Möglichkeit, zu wählen, und ich wähle, im Namen Jesu frei zu werden.' "

Tief in seinem Innersten hatte Mark diese Wahl. Er konnte wählen, seinen Mund zu öffnen und zu sagen, daß er im Namen Jesus frei sein wollte.

Als er das tat, kamen ihm langsam längst vergessene, schattenhafte Erinnerungen an okkulte Riten ins Gedächtmis. Unbeschreibliches Entsetzen hing mit diesen Szenen zusammen. Der Kampf um Befreiung war lang und hart. Mark mußte lernen, Gott und auch Menschen zu vertrauen, selbst wenn er mit fremden, unerwarteten Dingen konfrontiert war. Und er mußte lernen, seinen eigenen Wert und seine Begabungen zu erkennen und dankbar anzunehmen.

Mark brauchte auf seinem Weg zur Freiheit noch viel Zeit und Geduld, und er hatte manche Niederlagen und Rückfälle zu bewältigen. Der Wendepunkt war, als er begriff, daß er die Wahl hatte zu wählen. Wenn er wieder einmal vor einer Entscheidung stand, sagte er oft: „Ich muß eben tun, was ich tun muß. Also wähle ich zu wählen. Denn ich habe die Freiheit der Wahl." Inzwischen ist Mark so gesund, daß er ein Studium beginnen konnte und dort gut vorankommt.

Wir alle haben tief in uns diesen Raum, wo wir unbeeinflußt vom Durcheinander unserer widerstreitenden Gefühle und Gedanken wählen können, frei zu werden. Wir können uns nicht selbst befreien. Aber wir haben die Möglichkeit, Gottes Weg zur Freiheit zu wählen. Wir können wählen, unsere Vollmacht im Namen Jesu zu nutzen. Wir können uns entschließen, Lügen beim Namen zu nennen und den Feind mitsamt seinen Lügen im Namen Jesu aus unserem Leben hinauszuwerfen.

Doch wie erkennen wir, ob sich Lügen in unser Denken eingeschlichen haben? Jeden Gedanken, der uns in den Sinn kommt, daraufhin unter die Lupe zu nehmen, kann langwierig und ermüdend sein. Es gibt aber ein paar Faustregeln, die dabei helfen können, Gedanken, die von Gott kommen, und zwanghafte Gedanken, die wir als Versuchungen abweisen müssen, auseinanderzuhalten. Diese Faustregeln will ich im nächsten Kapitel erklären.

Kapitel 7: Faustregeln

Gott sagt in der Bibel, daß der Heilige Geist zu unserem Geist spricht (Römer 8,16). Irgendwie muß nun das, was der Heilige Geist uns mitteilt, in unserem Verstand registriert werden, damit wir uns seiner Botschaft bewußt werden. An diesem Punkt kommen wir, wie schon erwähnt, leicht durcheinander. Denn wir gebrauchen unseren Verstand auch, um eigene Gedanken zu denken. Versuchungen des Feindes nehmen wir ebenfalls mit unserem Verstand wahr. Wir sprachen auch schon darüber, wie wir den unterschiedlichen Ursprung unserer Gedanken erkennen und Wahrheit und Lüge darin auseinander halten können.

Jeden Gedanken derart zu prüfen, kann jedoch lange dauern. Deshalb will ich ein paar Faustregeln weitergeben, die schneller zeigen, ob wir zwanghafte Schuldgedanken haben, oder ob Gott uns auf eine Sünde aufmerksam machen will.

1. Faustregel: Ist dieser Gedanke so leise und sanft, daß ich ihn, wenn ich will, beiseiteschieben kann?

Gott zwingt uns nicht, ihm zu gehorchen. Er spricht freundlich mit uns, wartet ab, wie wir ihm antworten, und spricht dann erst weiter. Wir haben immer die Freiheit zu sagen: „Nein, das will ich nicht.“ Wenn wir aber tun, was Gott sagt, erfüllt uns tiefer Friede. Wir brauchen die Handlung dann auch nicht zu wiederholen.

Zwanghafte Gedanken dagegen können wir nicht abschütteln. Bei Alberto war das offensichtlich. Der Gedanke, er müsse Eliza anrufen, setzte ihn unter schlimmen Druck, der nur zurückging, wenn er schließlich angerufen hatte. Danach fühlte er sich zwar für einige Minuten besser, aber dann fing alles von vorne an.

Die Geschichte von Elia aus dem Alten Testament zeigt, daß Gott uns nicht unter Druck setzt, wenn er zu uns redet.

Elia

Elia hatte die Baalspriester besiegt und mußte sich in Sicherheit bringen, denn Königin Isebel wollte ihn umbringen lassen (1. Könige 19,1-18). So floh er zum Berg Horeb. Dort rief Gott ihn aus der Höhle heraus, in der er die Nacht verbracht hatte. Gott wollte an ihm vorübergehen. Elia sollte dabei draußen auf dem Berg stehen. Zuerst gab es einen starken Sturm, der Berge zerriß und Felsen zerschmetterte. Aber Gott war nicht in dem Sturm. Dann folgten ein Erdbeben und Feuer. Aber Gott war auch nicht darin. Zuletzt hörte Elia ein „stilles, sanftes Sausen". Da wußte er, daß jetzt Gott zu ihm sprach. Gott rief Elia beim Namen und sagte ihm genau, was er tun sollte.

Noch heute spricht Gott leise und sanft zu uns. Wir müssen unser Geplapper einstellen und ganz still sein, damit wir diese leise Stimme hören können.

Versuchungen und zwanghafte Gedanken aber kommen oft wie Stürme, Erdbeben oder wütendes Feuer über uns. Nur mit der Kraft Gottes können wir ihnen widerstehen, denn der Orkan zwanghafter Gedanken wirbelt uns herum wie Stroh im Wind. Wollen wir über diese Gedanken siegen, müssen wir sie im Namen Jesu gefangennehmen und austreiben und sie durch gute, aufbauende Gedanken ersetzen (Philipper 4,8), die im Einklang mit Gottes Wort stehen.

Die erste Faustregel sagt also, daß Gedanken, die wir nicht abwehren können, oder die mit unwiderstehlichem Druck immer wiederkehren, nicht von Gott kommen. Gott spricht nicht so. Diese Gedanken müssen wir sofort zurückweisen. Wenn wir ihnen nur wenige Minuten oder gar eine halbe Stunde lang Raum geben, haben wir den Kampf schon verloren und müssen verlorenes Gebiet zurückfordern. Das Geheimnis des Sieges liegt darin, sie augenblicklich im Namen Jesu zu vertreiben.

2. Faustregel: Verallgemeinert dieser Gedanke einen Einzelfall?

Gott verurteilt wegen eines einzelnen Fehlers nie unser gesamtes Leben oder unsere ganze Persönlichkeit. Auch Jesus behandelte einzelne Vorfälle als einzelne Vorfälle. So zum Beispiel, als Petrus Jesus verleugnet hatte. Jesus verallgemeinerte dieses Fehlverhalten nicht auf Petrus' gesamtes Leben. Als er seinen Jünger am See Genezareth wieder traf, sprach er mit ihm darüber. Petrus hatte Jesus dreimal verleugnet. Und dreimal fragte Jesus ihn nun, ob er ihn lieb habe. Dreimal sagte Petrus zu ihm: „Ja, ich habe dich lieb." Damit war die Angelegenheit – so schlimm sie gewesen war – erledigt. Jesus stellte nicht Petrus' gesamten Charakter wegen dieses Versagens in Frage.

Bei zwanghaften Gedanken ist das anders. Sie machen wegen eines Einzelfalls die gesamte Persönlichkeit herunter. Die Geschichte von Alvero zeigt das.

Alvero

Alvero war mehrere Jahre arbeitunfähig, weil sein ganzes Denken mit Selbstanklagen ausgefüllt war. Als Sechsjähriger war Alvero von einem älteren Nachbarsjungen sexuell mißbraucht worden. Als junger Erwachsener wurde er erneut dazu verführt. Alvero fühlte sich extrem schuldig, weil er sich gegen jenen Nachbarsjungen nicht so gewehrt hatte, wie er meinte, sich gewehrt haben zu müssen. Irgendwann in diesen Jahren nahmen er und seine Eltern Jesus als Herrn an. Doch Alveros Schuldgefühle blieben und wurden mit der Zeit immer schlimmer. Einmal versuchte er, darüber mit seinem Vater zu reden, der inzwischen Pastor geworden war. Aber der konnte ihm auch nicht helfen.

Als ich Alvero kennenlernte, war er verheiratet und hatte schon Kinder. Inzwischen wurde Alvero so von Schuldgefühlen, Selbstanklagen und Reue umgetrieben und gequält, daß er Medikamente brauchte, damit er nicht ganz durchdrehte und wenigstens nicht in eine psychiatrische Klinik mußte.

Seine zwanghaften Gedanken hielten Alvero beständig vor, was für ein Versager er sei. Wenn er zum Beispiel sein Scheckbuch vergaß oder mit dem Auto in eine verkehrte Straße einbog, überfielen ihn die Selbstanklagen: Er sei total unfähig, alles mache er verkehrt, kein Mensch auf der Welt sei so dumm wie er, und es wäre besser, wenn er niemals geboren wäre. Wie könne er nur glauben, jemals etwas Gutes hinzubekommen?

Dadurch kam Alvero in immer tiefere Depressionen. Tagelang fiel es ihm dann schwer, überhaupt noch aus Bett aufzustehen. In den Nächten lag er stundenlang wach und bettelte Gott an, ihm doch zu vergeben, daß er so ein schrecklicher Versager sei.

In Alveros Gedanken wurde der einzelne Vorfall, daß er zum Beispiel sein Scheckbuch vergessen hatte, verallgemeinert: „Alles, was du machst, ist verkehrt. Nie hast du irgendetwas richtig gemacht. Auch in Zukunft wirst du nichts richtig machen. Du bist eben unfähig, ein Versager ..."

Diese Gedanken lähmten Alveros Leben. Er mußte lernen, sie als Versuchungen zu erkennen und im Namen Jesu zurückzuweisen.

Die zweite Faustregel besagt, daß Gedanken, die wegen eines Einzelfalls ganze Lebensbereiche oder die gesamte Persönlichkeit aburteilen, nicht von Gott sind. Sie müssen augenblicklich im Namen Jesu zurückgewiesen werden.

3. Faustregel:
Stellen diese Gedanken die Verheißungen Gottes in Frage?

Gedanken, die von Gott kommen, stellen nie sein Wort in Frage, denn Gott widerspricht sich nicht. Viele Versuchungen und zwanghafte Gedanken beginnen mit „Ja, aber ..." Alveros Gedanken waren mit lauter solchen Sätzen angefüllt. Die meiste Zeit war er damit beschäftigt, Dinge aus seiner Kindheit und Jugend zu bereuen, oder zu bereuen, daß er sie nicht genug bereut hatte.

„Ich bin durch und durch schlecht. Ich bin ein Versager. Ich muß sexuell pervers sein. Ich bin zur Hölle verdammt", stöhnte Alvero verzweifelt, als er mir seine Geschichte erzählt hatte.

„Alvero, du hast schon vor Jahren Jesus als deinen Retter angenommen", hielt ich ihm entgegen. „Ich bin sicher, daß du deine Sünden schon oft bereut und Gott um Vergebung gebeten hast."

„Ja natürlich", gab er zurück. „Ich habe bereut und bereut."

„Hat Gott nicht versprochen, daß er dir vergibt, wenn du etwas bereust?"

„Ja. Aber ich habe es noch nicht richtig bereut. Meine Reue ging nicht tief genug. Ich muß es erst richtig tief bereuen."

„Bereust du es denn diesmal tief genug?"

„Ich glaube, ja", nickte Alvero, „ich habe noch nie so tiefe Reue empfunden, wie jetzt."

„Dann wollen wir diese Szene, die noch immer in deinem Gedächtnis lebt, Jesus übergeben, damit er sie für dich ans Kreuz trägt. Und dann nimm Jesus' Vergebung an und vergib auch jenem Nachbarsjungen und dir selbst, was ihr getan habt." Alvero tat das.

Aber als er das nächste Mal zu mir kam, hatte alles wieder von vorn angefangen. Wieder bereute er seine Sünden.

„Alvero, hat Gott nicht versprochen, dir alles zu vergeben, sobald du es bereust und bekennst?" fragte ich ihn.

„Doch. Aber diesmal geht meine Reue tiefer als je in meinem ganzen Leben. Sogar noch tiefer als letzte Woche."

„Ja, Alvero, und kommende Woche wirst du es noch tiefer bereuen, und die Woche darauf wieder tiefer. So wirst du das nie los."

Ich erklärte Alvero, daß wir jeden Gedanken in uns, der sich gegen die Erkenntnis Gottes erhebt, zerstören müssen. Vor Gott war eindeutig, daß Alvero seine Sünden bereut und Vergebung erlangt hatte. Jeder Gedanke, der davon abwich, erhob sich gegen Gottes Wahrheit und stellte sein Wort in Frage.

„Diese Gedanken machen Gott zum Lügner", erklärte ich Alvero. „Sie sagen: ‚Ja, Gott hat versprochen, Sünde zu vergeben. Aber in diesem Fall gilt sein Versprechen nicht. Du bist die Ausnahme von der Regel. Du hast es noch nicht verdient, daß Gott dir vergibt, denn du hast noch nicht tief genug bereut. Gott vergibt jedem anderen Menschen, aber dir nicht.' Merkst du, daß dies eine Lüge vom Feind ist? Du mußt sie im Namen Jesu gefangennehmen und aus deinem Leben hinauswerfen."

Alvero schrieb die „Ja, aber"-Gedanken auf, die ihm immer wieder in den Sinn kamen. Wir banden sie, trieben sie aus seinem Leben und forderten den Raum, den sie besetzt gehalten hatten, für Jesus zurück. Alvero mußte sich entscheiden, dies anzunehmen: Er hatte – ohne die Bedingung, tief und immer tiefer zu bereuen – Vergebung erlangt, weil Jesus für seine Sünde gestorben war.

Zusammen mit seinen „Ja, aber ..."-Gedanken kamen noch „Was

ist, wenn ...“, „Aber stell dir vor, daß ...“, „Aber es kann sein ...“, „Aber diesmal ...“ und viele weitere Versionen derselben Gedankenlinie ans Licht.

Diese Gedanken sind nicht von Gott, denn sie stellen Ausnahmen von seinen Verheißungen auf. Aber Gott macht keine Ausnahmen. Wenn er ja sagt, dann meint er auch ja. Wenn er nein sagt, meint er nein. Bei Gott gibt es keine „Ja, aber diesmal ist es anders“-Fälle. Er wandelt sich nicht von einem Tag zum anderen. Bei ihm gibt es keine Veränderung (Jakobus 1,17). Gott sei Dank, wir können uns auf ihn und auf sein Wort verlassen.

Gedanken, die von Gott kommen, stellen sein Wort und seine Verheißungen nicht in Frage, heißt also die dritte Faustregel. Wenn uns solch ein Gedanke kommt, ist deshalb sofort klar, daß wir ihn im Namen Jesu widerrufen müssen.

4. Faustregel: Rückt dieser Gedanke Gott in den Mittelpunkt oder mich?

Depressive Gedanken, die uns umtreiben und herunterziehen, sind äußerst zwanghaft und drehen sich immer um uns selbst. Sie kommen nicht von Gott. Die Schlüsselworte für solche Gedanken sind: „Ich sollte“ oder „Warum bin ich nicht?“ beziehungsweise „Warum habe ich nicht?“

Bei Markus (vgl. Kapitel 1 dieses Buches) zeigte sich das deutlich. „Warum habe ich kein Mitleid mit den Menschen, die in die Hölle kommen?“ fragte er sich immer wieder. „Warum tue ich nicht mehr für die Armen? Warum bin ich so hart zu mir selbst? Ich sollte an andere denken, und das tue ich nicht. Wenn ich ein wahrer Christ wäre, würde ich an andere denken. Ich verstehe nicht, daß Gott überhaupt noch etwas mit mir zu tun haben will.“

Als Markus sich entschloß, nicht mehr auf sich und seine innere Verfassung zu schauen, sondern seinen Kopf mit Gedanken an Jesus zu füllen, lernte er nach und nach, sich und andere zu akzeptieren und zu schätzen.

Die vierte Faustregel hilft uns, den Mittelpunkt unserer Gedanken zu erkennen. Wenn wir ständig um uns selbst mit unseren

Unzulänglichkeiten und Fehlern kreisen, statt darauf zu schauen, daß Jesus alles Böse in uns überwindet und besiegt, dann kommen unsere Gedanken nicht von Gott. Wir müssen ihnen im Namen Jesu widerstehen und sie austreiben.

5. Faustregel: Machen diese Gedanken mich frei?

In der Bibel steht, daß die Wahrheit uns frei macht (Johannes 8,32). Wenn uns ein immer wiederkehrender Gedanke nicht frei macht, entspricht er nicht der Wahrheit. Er mag ein wenig Wahrheit enthalten, aber irgend etwas ist noch hinzugekommen und ein Teil ist weggelassen. Solche Gedanken kommen nicht von Gott, denn er sagt, die Wahrheit macht uns frei. Die Erfahrungen von Gabriela zeigen, wie man in einer Teilwahrheit gefangen sein kann.

Gabriela

Gabriela und ihr Mann Matthew gingen durch schwierige Zeiten. Matthew litt an einer schweren Depression. Der Psychologe, bei dem er in Behandlung war, wollte herausfinden, was in ihrer Beziehung zu der Depression beitrug, und bat deshalb Gabriela um ein Gespräch. Zuerst lehnte sie es ab, zu dem Psychologen zu gehen. Nur Matthew hatte Probleme, meinte sie. Bei ihr war alles in Ordnung. Um ihrem Mann zu helfen, war sie dann doch bereit, einige Gespräche mit dem Psychologen zu führen.

Gabriela war in einer Zeit jahrelanger, gewaltsamer Unruhen in ihrem Heimatland als drittes von fünf Kindern geboren. Ihr Vater mußte mehrmals untertauchen, und ihre Mutter war ganz davon in Anspruch genommen, genug Essen für die Familie herbeizuschaffen. Die stille Gabriela war eingequetscht zwischen ihren älteren und jüngeren Geschwistern, die alle lautstark Beachtung forderten. Sie bewältigte diese Situation, indem sie immer lieb war und nie Ärger machte.

Gabrielas Kindheitserinnerungen enthielten vor allem schöne

Szenen. Auch ihre Ehe hatte sie, bis Matthew depressiv wurde, immer als glücklich und nahezu perfekt erlebt. Ihr größter Wunsch war, das alte Glück wiederzuerlangen.

Die Gespräche bei dem Psychologen machten Gabriela immer ärgerlicher und aufgebrachter. Monate nach ihrem letzten Besuch bei ihm sprach ich mit ihr, und noch immer kochte sie vor Wut. Wie konnte Dr. Gutierrez sie für Matthews Depression beschuldigen? Vor dieser Depression waren sie miteinander glücklich gewesen. Wie sollte sie so schreckliche Dinge getan haben, wie er es ihr zur Last legte? Es lag alles nur an Matthew. Er hatte ihr für alles die Schuld zugeschoben, und der Psychologe hatte ihm das geglaubt. Wie konnte ein Psychologe nur so blind sein?

Wir arbeiteten uns durch all die Verletzungen, die Gabriela gegenüber dem Psychologen und ihrem Mann empfand. Gabriela gab sie Jesus und vergab Matthew und Dr. Gutierrez jede ungerechtfertigte Beschuldigung und alles, was sie ihr angetan haben mochten. Wir brachten auch das tiefe Verlassenheitsgefühl aus Gabrielas Kindheit zu Jesus. Sie gab Gott die Erlaubnis, ihr all das aus ihren Kinderjahren ins Gedächtnis zurückzubringen, an das sie sich erinnern mußte, damit sie innerlich heil werden konnte. Danach verlor ich für einige Zeit den Kontakt zu dem Ehepaar.

Ein Jahr später nahm Matthew an einer Freizeit teil, auf der er noch einige Dinge verarbeiten konnte, die ihm Schwierigkeiten gemacht hatten. Dort schien er an einen Wendepunkt in seinem Heilungsprozeß zu kommen, und ich hatte das Vorrecht, Gabriela von diesem Durchbruch zu berichten.

Gabriela hörte mir eine Weile zu, doch plötzlich unterbrach sie mich. „Ja, das ist schön", sagte sie. „Aber ich bin so traurig darüber, daß Matthew mir die ganze Schuld zuschiebt. Du kannst dir nicht vorstellen, wie schrecklich es mit Dr. Gutierrez war. Er hat alles geschluckt, was Matthew ihm gesagt und wie er mich beschuldigt hat. Es macht mich traurig, wie alles passiert ist."

„Aber Gabriela", sagte ich, „sind das nicht genau dieselben Worte, die du mir vor einem Jahr auch gesagt hast?"

„Ja", bestätigte sie. „Aber du hast mir selbst gesagt, daß ich mit meinen Gefühlen ehrlich sein soll. Weißt du noch? Ich habe damals alles aufgeschrieben, was ich fühlte und dachte."

„Natürlich, das stimmt“, antwortete ich, „ich habe dir das gesagt. Aber damit du davon frei wirst, nicht damit du daran hängen bleibst. Und wenn alles nur Matthews Problem ist, warum jubelst du dann nicht vor Freude über diesen Durchbruch? Ich merke nicht, daß du dich überhaupt freust.“

„Ich weiß nicht“, begann Gabriela wieder von vorne. „Ich weiß nur, daß es mich tief traurig macht, wenn ich daran denke, daß Matthew mich so beschuldigt hat. Wir waren vorher glücklich. Nun sagt er, es ist alles meine Schuld und dieser Psychologe hat das geglaubt ...“ Und so kreiste sie wieder um dieselben Gedanken.

Schließlich entdeckte Gabriela, daß sie ihren Schmerz liebgewonnen hatte, denn so brauchte sie nicht über die Ursachen ihrer Ehekrise nachzudenken. Außerdem brachte der Schmerz ihr viel Mitgefühl ein seitens ihrer Familie und der Gemeinde. Dieser Aspekt hatte in Gabrielas Gedanken gefehlt. Auch daß ihr früheres Glück auf Kosten Matthews gegangen war und zu seiner Depression beigetragen hatte, kam in ihren zwanghaften Gedanken nicht vor.

Gabrielas Gedanken machten sie nicht frei, obwohl sie meinte, sie seien wahr, und sie ja auch tatsächlich etwas Wahrheit enthielten. Sie zogen sie tief und tiefer in eine Depression. Ihre Gedanken waren zu Versuchungen für sie geworden. Um frei zu werden, mußte sie das erkennen und die Versuchung zurückweisen.

Die fünfte Faustregel zeigt also, daß unsere Gedanken nicht von Gott kommen, wenn sie uns nicht zur Freiheit führen.

Wir sind nun in diesem Buch an einem Punkt angekommen, wo all das, was ich erklärt habe, konkret werden muß. Deshalb möchte ich meine Leser jetzt direkt fragen: Sind dir beim Lesen dieser letzten Seiten Fragen und Gedanken bewußt geworden, die dich quälen? Oder bist du dir nicht sicher, was bei einer bestimmten Entscheidung, vor der du gerade stehst, Gottes Weg für dich ist? In den folgenden Kapiteln findest du eine Zusammenfassung der Merkmale, an denen Gottes Reden von zwanghaften, verführerischen Gedanken unterschieden werden kann. Außerdem zeige ich Gebetsleitlinien, die dir helfen können, ganz konkret mit Gott über deine Bedürfnisse zu sprechen und dann die Führung und die Befreiung zu finden, die du brauchst.

Kapitel 8:
Gebete in Entscheidungssituationen

In diesem Kapitel geht es darum, wie wir in Entscheidungssituationen Gottes Stimme von unseren eigenen Gedanken und Wünschen unterscheiden können. Anhand einiger Fragen kann jeder selbst klären, ob die Weisungen, die er hört oder spürt, von Gott sind. Die Gebetsleitlinien, die ich zeige, sollen dabei helfen, klar auszudrücken, was man Gott fragen möchte. Diese Gebete kann man für sich selbst sprechen; man kann mit ihnen aber auch jemand anderem helfen oder mit einer Gruppe beten.

In Kapitel 4 habe ich am Bild der Leuchtfeuer erklärt, wie wir Gottes Willen für unser Leben erkennen können. Wenn du wissen willst, ob deine „Leuchtfeuer" brennen, gehe bitte die untenstehenden Fragen durch.

Wenn du damit beginnst, öffne dich als erstes für Gottes Stimme. Wenn du immer wieder das Gefühl hast, Gott wolle dir Leiden schicken oder dir etwas wegnehmen, das dir Freude macht, dann frage ihn, ob du verborgene seelische Verletzungen hast, die dich daran hindern, ihn als Gott der Liebe zu sehen und zu erleben. Bringe diese Verletzungen zu ihm, damit er sie heilen kann. Und dann nutze die folgenden Leitlinien für dein weiteres Gespräch mit Gott.

„Lieber Gott, ich möchte herausfinden, was du von mir willst. Auch wenn ich manchmal das Gefühl habe, ich bekäme keinen Frieden, entscheide ich mich jetzt dafür, dir zu glauben, daß du mir ein mit innerem Frieden erfülltes Leben geben willst. Ich bitte dich, mir die Antworten auf meine Fragen zu zeigen, damit ich deinen Weg erkennen und wählen kann. Ich danke dir, daß du zu mir sprechen wirst, wenn ich nun über die Fragen nachdenke."

Lies nun die erste Frage und warte danach ganz still vor Gott. Wenn dir dann etwas in den Sinn kommt, schreibe es zunächst einmal auf, ohne es erst durchdenken oder begründen zu wollen.

1. Steht mein Wunsch oder meine Entscheidung im Einklang mit dem Wort Gottes (erstes Leuchtfeuer)?

Ich glaube, Gott möchte von mir, daß ich .... (z. B. Krankenschwester werde / .... heirate / diese neue Arbeit annehme usw). Dies steht (steht nicht) im Einklang mit dem Geist des Wortes Gottes, weil Gott in .... (z. B. den Evangelien) sagt, daß .... (z. B. Jesus Kranke geheilt hat).

Ich bin mir über die Antwort auf diese Frage nicht sicher: ❍
Das erste Leuchtfeuer brennt: ❍

2. Habe ich inneren Frieden über meiner Entscheidung (zweites Leuchtfeuer)?

Ich habe inneren Frieden über dieser Entscheidung, weil .... (z. B. ich glaube, daß Gott möchte, daß ich anderen auf diese Art und Weise helfe). – Ich habe (habe nicht) noch andere Gründe für diese Entscheidung: .... (z. B. dies ist meine einzige Möglichkeit, von zu Hause wegzukommen).

Ich bin mir über die Antwort auf diese Frage nicht sicher: ❍
Das zweite Leuchtfeuer brennt: ❍

3. Stimmen andere mündige Christen meiner Entscheidung zu (drittes Leuchtfeuer)?

Ich habe andere mündige Christen wegen dieser Entscheidung befragt (nicht befragt). Es sind .... (z. B. Peter und Nina). Sie haben mir gesagt .... Das steht (steht nicht) in einer Linie mit den anderen Leuchtfeuern.

Ich bin mir über die Antwort auf diese Frage nicht sicher: ❍
Das dritte Leuchtfeuer brennt: ❍

4. Gestatten mir meine Lebensumstände, das auszuführen, was ich als Gottes Willen ansehe (viertes Leuchtfeuer)?

Meine Lebensumstände sind so: .... (z. B. ich habe das Abitur gemacht / ich verdiene genügend Geld). Das bedeutet, daß ich tun kann (nicht tun kann), was Gott mir nach meinem Eindruck gezeigt hat.

Ich bin mir über die Antwort auf diese Frage nicht sicher: ❍
Das vierte Leuchtfeuer brennt: ❍

5. Hat Gott mir einen speziellen Bibelvers gezeigt, einen Traum oder eine Weissagung gegeben, die meine Entscheidung bestätigt (fünftes Leuchtfeuer)?

Gott hat mir eine (hat mir keine) spezielle Verheißung (Weissagung usw.) für diesen Weg gegeben. Diese Veheißung lautet: .... Das bringt mir inneren Frieden (verwirrt mich). Die Verheißung ist (ist nicht) in einer Linie mit den anderen Leuchtfeuern zu sehen.

Ich bin mir über die Antwort auf diese Frage nicht sicher: ❍
Das fünfte Leuchtfeuer brennt: ❍

6. Kann ich, wenn ich nun handele, wirklich ausführen, was Gott mir gesagt hat (sechstes Leuchtfeuer)?

Wenn ich nun das tue, was Gott mir nach meinem Eindruck gesagt hat, gibt es keine unüberwindlichen Hindernisse mehr.

Ich bin mir über die Antwort auf diese Frage nicht sicher: ❍
Das sechste Leuchtfeuer brennt: ❍

Wertung

Schau dir deine Aufzeichnungen nun noch einmal an. Wenn du alle Fragen mit ja beantworten konntest, also alle deine Leuchtfeuer brennen, kannst du gewiß sein, daß du verstanden hast, was Gott dir sagen wollte. Dann liegt die Landebahn vor dir und du kannst sicher landen, wenngleich immer noch Buckel und Unebenheiten vor dir liegen können. Aber Gott ist bei dir, und er will dich bewahren, wohin er dich auch führt.

Das erste Leuchtfeuer

Wenn du dir aber über deine Antwort auf die erste Frage unsicher bist, sprich darüber mit einem mündigen Christen, der dir zeigen kann, was die Bibel über deine augenblickliche Situation sagt. Entscheide nichts, bevor du nicht weißt, daß es mit dem Geist des Wortes Gottes in Einklang steht. Vielleicht weißt oder vermutest du aber bereits, daß du die erste Frage verneinen mußt. Doch du kannst deinen Wunsch oder etwas, das jemand dir als Willen Gottes eingeredet hat, nicht aufgeben. Dann sprich mit dem Betreffenden darüber. – Dann bete:

„Lieber Gott, ich weiß (vermute), daß mein Wunsch nicht mit deinem Wort übereinstimmt. Aber ich wünsche es mir so sehr, daß ich manchmal fast so weit bin zu glauben, daß dies doch dein Wille ist. Ich möchte gern .... (z. B. Stefan heiraten), weil .... (z. B. ich ihn liebe / ich es zu Hause nicht mehr aushalte), denn .... (z. B. meine Eltern streiten sich so oft). Ich weiß (vermute), daß mein Wunsch nicht deinem Willen entspricht, weil .... (z. B. ich Christ bin, er nicht / ich glaube, daß du mich in die Mission schicken willst, und er nicht daran interessiert ist). Gott, in deinem Wort sagst du, daß .... (z. B. ich als Christ nur einen Christen heiraten sollte [2. Korinther 6,14] / ich zuerst nach deinem Weg suchen soll, und du mir dann alles andere geben wirst [Matthäus 6,33]).

Gott, ich kann meinen Traum trotzdem nicht aufgeben. Ich habe nicht einmal den Wunsch, ihn aufgeben zu können. Aber du sagst mir, daß du mir den Wunsch und die Kraft geben wirst, das zu tun, was du willst (Philipper 2,23). Gott, ich weiß, daß ich vor einer Wahl stehe. Ich wähle, dir meinen Traum .... (z. B. Stefan zu heiraten) zu geben. Ich erlaube dir, diesen Wunsch an dich zu nehmen und ihn in den Wunsch umzuwandeln, der deinem Willen für mich entspricht. Ich öffne mich für dich, damit du dies in mir bewirken kannst, auch wenn ich mir im Augenblick nicht vorstellen kann, wie das zugehen soll und wie du das fertigbringen kannst. Aber das ist ja deine Sache. Ich akzeptiere, daß du tust, was du versprochen hast."

Wenn du gebetet hast, kannst du dich wieder deinen täglichen Aufgaben zuwenden und darauf warten, wie Gott in dir wirkt. Er wird dann entweder nach und nach deinen Wunsch wandeln oder dir noch deutlicher machen, was er dir sagen will.

Das zweite Leuchtfeuer

Wenn das zweite Licht, der innere Friede, nur undeutlich ist oder nur hin und wieder aufleuchtet, dann bitte Gott, dir deine Gefühle deutlicher zu machen:

„Lieber Gott, warum fühle ich keinen inneren Frieden darüber .... (z. B. dieses Haus zu kaufen / diese Anfrage anzunehmen / einen Vortrag zu halten)? Ich öffne mich für dich, damit du mir zeigen kannst, warum ich so unsicher bin."

Dann bleibe still und lausche auf Gottes Antwort. Welche Gedanken kommen dir jetzt? Sprich mit ihm darüber:

„Gott, mir kommt jetzt in den Sinn, daß ich keinen Frieden über diese Sache habe, weil .... (z. B. es bei diesem Hauskauf Unredlichkeiten gibt / ich mir nicht vorstellen kann, wie ich das schaffen soll, was du von mir zu erwarten scheinst). Der Grund ist .... (z. B. daß der Makler bestimmte Fragen immer wieder überging / daß ich noch nie zu so vielen Menschen gesprochen habe und innerlich schon zittere, wenn ich daran denke).

Gott, ich öffne mich jetzt wieder für dich. Wenn meine Unsicherheit zeigt, daß ich dich nicht richtig verstanden habe, dann bitte ich dich, sie noch zu verstärken, damit ich klar sehe, daß dieses Leuchtfeuer nicht brennt. Wenn aber diese Unsicherheit nur meinen eigenen Ängsten und Befürchtungen entspringt, dann weise ich sie jetzt im Namen Jesu zurück und öffne mich für deinen Frieden. Gott, ich will deinen Weg gehen, auch wenn ich im Augenblick noch nicht weiß, wie er aussieht. Ich halte fest, daß du mir deinen Willen klarmachen wirst, weil du versprochen hast, mich zu führen."

Laß diese Frage dann im Augenblick ruhen und nimm dir erst einmal die weiteren Punkte vor. Vielleicht wirst du dabei auch über dieses Landesignal Klarheit bekommen. Warte jedoch mit deiner endgültigen Entscheidung, bis du Frieden hast in bezug auf das, was du als Gottes Willen ansiehst.

Das dritte Leuchtfeuer

Hier geht es um die Frage, was andere mündige Christen als Willen Gottes empfinden. Wenn du noch niemanden deswegen angesprochen hast, sage das Gott:

„Lieber Gott, bitte zeig mir, warum ich es bisher umgangen habe, mit jemandem über meine Entscheidung zu sprechen. Mir kommt in den Sinn, daß ich mich nicht traute, jemanden anzusprechen, weil .... (z. B. ich mich schäme zuzugeben, daß ich in diesem Bereich Schwierigkeiten habe / ich nicht weiß, zu wem ich gehen soll). Der Grund ist .... (z. B. daß jedesmal, wenn ich mit jemandem darüber sprechen will, mir der Gedanke kommt: ‚Mache dich doch nicht zum Narren' / daß ich die Leute in dieser Gemeinde noch nicht so gut kenne)."

Prüfe nun deine Gründe. Ist ein zwanghafter Gedanke dabei, mit dem der Feind dich nicht in Ruhe läßt, dann binde ihn im Namen Jesu: „Du, der mir den Gedanken eingibt .... (z. B. daß ich mich doch wohl nicht so zum Narren machen werde), ich binde dich im Namen Jesu und werfe dich aus meinem Leben. Mein Leben gehört Gott, und ich will tun, was er mir sagt. Vater, bitte gib mir jetzt deine Gedanken."

Wenn du nicht weißt, an wen du dich mit deiner Frage wenden sollst, bitte Gott, dir jemanden zu zeigen:

„Lieber Gott, ich weiß keinen mündigen Christen, mit dem ich diese Sache besprechen könnte. Ich öffne mich jetzt, damit du mir zeigen kannst, zu wem ich gehen soll."

Warte dann ganz ruhig auf die Antwort. Vielleicht kommt dir sofort irgendein Name in den Sinn. Wenn aber nicht, tue ruhig weiter deine Arbeit und bleibe dafür offen, daß Gott dir jemanden zeigt. Vielleicht triffst du dann jemanden und spürst dabei, wie Gott dir innerlich einen Stups gibt: „Das ist er (oder sie)." Wenn du dann immer noch nicht sicher bist, sprich mit Gott darüber:

„Lieber Gott, mir ist der Gedanke gekommen, dies sei derjenige, mit dem ich sprechen soll. Wenn dieser Gedanke von dir kommt, dann gib mir bitte eine Gelegenheit und den Mut, auch wirklich zu reden. Du hast gesagt, daß du mir Weisheit geben willst (Jakobus 11,5). Ich öffne mich jetzt, damit ich deine Weisheit empfangen kann. Ich glaube dir, daß du mir deinen Willen klarmachen wirst, denn du brichst ja deine Versprechen nicht."

Dann warte ab, ob Gott dir eine Möglichkeit gibt, mit demjenigen (oder derjenigen) zu sprechen. Sag ihm (oder ihr) dann alles, was diese Entscheidung betrifft, vor der du stehst. Frage ihn (sie), ob er (sie) dir dabei helfen will, den Willen Gottes zu erkennen. Vereinbart für ein paar Tage oder Wochen später – je nach Dringlichkeit der Sache – ein weiteres Treffen, damit ihr darüber sprechen könnt, was er (sie) als Gottes Antwort empfindet.

Vielleicht führt dich Gott auch dazu, mit einem weiteren Christen zu sprechen. Stimmen ihre Antworten mit deiner Entscheidung überein? Brennt das dritte Leuchtfeuer?

Das vierte Leuchtfeuer

Als nächstes nimm deine Lebensumstände unter die Lupe. Ist dies vierte Leuchtfeuer schon erkennbar? Oder wird es brennen, wenn du nach einiger Zeit deinen Entschluß in die Tat umsetzen mußt? Sprich mit Gott darüber:

„Gott, ich habe den Eindruck, du willst, daß ich .... (z. B. diesen Job in einer weit entfernten Stadt annehme), denn .... (z. B. man hat mir das in meiner Firma angeboten, und ich würde es auch gern tun, und mein Mann [meine Frau] ist auch damit einverstanden), weil .... (z. B. ich mehr Gehalt bekäme und unsere Finanzen dann nicht mehr so knapp wären / dort das Klima gesünder ist / die Ausbildungsmöglichkeiten für die Kinder besser sind). Soweit ich sehe, brennen alle anderen Leuchtfeuer. Aber es gibt noch Dinge, die mir im Wege stehen: .... (z. B. wir müssen unser Haus verkaufen, wenn wir dorthin ziehen / die Kinder möchten ihre Freunde nicht verlieren).

Lieber Gott, ich bin darauf angewiesen, daß du das alles klärst, wenn ich diesen Weg einschlagen soll. Ich öffne mich für dich, damit du mir jederzeit zeigen kannst, ob du etwas anderes vorhast. Wenn du mich auf diesem Weg erst so weit gehen lassen mußtest, um mir eine andere Sache zu zeigen, die ich vorher nicht erkennen konnte, bin ich auch dafür offen. Ich will deinen Weg gehen."

Wenn du so gebetet hast, kannst du ganz beruhigt abwarten, ob und wie Gott das vierte Leuchtfeuer anzündet.

Das fünfte Leuchtfeuer

Das fünfte Leuchtfeuer war eine spezielle Verheißung, eine Prophetie oder ein Bibelwort, das deine Entscheidung bestätigt. Wenn du so ein Versprechen von Gott bekommen hast und dies Landesignal mit den anderen in einer Linie zu sehen ist, wenn es dir Frieden und Bestätigung gibt, dann danke dem Herrn dafür:

„Gott, ich danke dir für dein Versprechen, daß .... (z. B. du mich auf dem Weg leiten willst, den ich gehen soll, und mir Ruhe geben willst). Danke, daß ich darauf vertrauen kann, daß du mich führst. Danke für die Ruhe, die du mir verheißen hast."

Wenn die Verheißung dich aber durcheinanderbringt, weil sie in eine ganz neue Richtung zu weisen scheint, dann sage das Gott:

„Lieber Gott, von .... (z. B. diesem Bibelvers / dieser Prophetie) fühle ich mich .... (z. B. beunruhigt / verwirrt). Mir scheint, daß er nicht in dieselbe Richtung weist wie die anderen Signale. Wenn ich mich hier irre, dann zeige mir bitte, wie dies alles in deinen Plan für hineinpaßt. Solange lege ich es beiseite, denn es beunruhigt mich. Wenn diese Prophetie (dieses Bibelwort) von dir war, dann bringe sie mir wieder ins Gedächtnis, wenn ich verstehen kann, was du mir damit sagen willst. Danke, daß du mir deinen Weg zeigst. Ich will ihn gehen."

Das sechste Leuchtfeuer

Halte nun Ausschau nach dem letzten Leuchtfeuer, nach der offenen Tür, durch die du gehen kannst. Wenn du schließlich ausführen willst, was du als Gottes Willen ansiehst, kannst du es dann? Wenn ja, dann danke Gott, daß er dich so klar geleitet hat, daß du seine Stimme verstehen und seine Führung erkennen konntest. Wenn das aber nicht der Fall ist, dann sprich noch einmal mit ihm darüber:

„Lieber Gott, ich habe gedacht, ich sollte .... (z. B. diese neue Arbeitstelle annehmen). Alle anderen Leuchtsignale schienen zu brennen. Aber das letzte kann ich nicht sehen. Auf einmal scheint es noch Schwierigkeiten zu geben, mit denen ich nicht gerechnet hatte: .... (z. B. Wir können das Haus nicht verkaufen / Unsere Kinder können ihre Ausbildung am neuen Wohnort nicht fortsetzen). Gott, du hast versprochen, daß du uns führen willst. Morgen (oder in zwei Wochen) muß ich .... (z. B. mich endgültig entscheiden / den Umzug in die Wege leiten). Bis dahin brauche ich von dir eine klare Antwort, was ich tun soll. Ich will deinen Weg gehen. Nun ist es deine Sache, die Schwierigkeiten zu beseitigen. Ich öffne mich für dich, damit ich sehen, hören und verstehen kann, was du mir sagen willst. Ich danke dir schon jetzt, daß du das tun wirst, weil du es versprochen hast."

Wenn du dann wieder an deine täglichen Pflichten gehst, warte ab, was Gott dir zeigt. Vielleicht wirst du an diesem Punkt auf etwas aufmerksam, das du nicht erwartet hast und auch nicht sehen oder verstehen konntest, ohne auf deinem Weg schon so weit vorangeschritten zu sein. Wenn du dich dann in die neue Richtung wendest, öffnen sich vielleicht die Türen auf einmal für dich.

Im nächsten Kapitel gebe ich weitere Gebetsleitlinien. Sie können dir dabei helfen auseinanderzuhalten, ob Gott dich auf eine Sünde hinweist, oder du durch zwanghafte Gedanken versucht wirst.

Kapitel 9: Gebete bei anklagenden Gedanken

In den Kapiteln 5 bis 7 haben wir über die Gedanken gesprochen, die uns anklagen. Kommen sie Gott, der uns auf etwas aufmerksam machen will, das wir verkehrt gemacht haben? Oder sind es zwanghafte Schuldgedanken, die wir wie eine Versuchung abweisen müssen? In diesem Kapitel zeige ich, wie wir im konkreten Einzelfall unsere Schuldgedanken prüfen, einordnen und loswerden können.

Dazu müssen wir uns als erstes fragen, ob die Anklagen etwas betreffen, was wir wirklich verkehrt gemacht haben. Wenn ja, dann werde ich das vereinfacht „Zurechtweisung“ nennen, weil Gott uns da auf eine Sünde aufmerksam machen will, die noch zwischen ihm und uns steht. Wenn sich die Schuldgedanken aber auf Gefühle beziehen, bezeichne ich sie als „zwanghafte Gedanken“. Um besser verständlich zu machen, worum es geht, erkläre ich es an den Beispielen von Roger, Alvero und Alberto.

Von Roger erzählte ich in Kapitel 3. Als er versuchte sich vorzustellen, wie er sich bei Jesus in die Arme schmiegte, hatte er den Eindruck, daß er nur bis zu Jesu Knien kommen konnte. Jesus schien ihn nicht näher bei sich haben zu wollen, obwohl er es gern hat, wenn Kinder zu ihm kommen. Als Roger Jesus dann fragte, warum er dieses Gefühl hatte, kam ihm plötzlich der Gedanke, daß er verschiedene Dinge verkehrt gemacht und noch nicht geordnet hatte. Roger fragte Jesus dann, was das im einzelnen sei. Da erinnerte er sich an einiges, und er schrieb alles auf, was ihm in den Sinn gekommen war.

Wenn auch du das Gefühl hast, daß etwas zwischen Gott und dir steht, dann bitte ihn, dir das zu zeigen, und schreibe alle Schuldgedanken auf, die dir dann einfallen – ganz gleich, was sie enthalten oder wie absurd sie dir erscheinen.

In der Auflistung auf der nächsten Seite habe ich in der ersten Spalte solche anklagenden Gedanken aus den Geschichten von Roger, Alvero und Alberto zusammengestellt.

Wenn du alles niedergeschrieben hast, bitte Gott, dir zu zeigen, ob es noch Anklagen gibt, an die du dich jetzt nicht erinnert hast. Du kannst so beten:

„Gott, mein Vater, bitte zeige mir, ob mir hin und wieder noch andere Schuldgedanken durch den Kopf gehen. Ich will jetzt ganz still sein, damit du sie mir ins Gedächtnis zurückbringen kannst.“

Dann bleibe eine Weile still, achte auf deine Gedanken und schreibe wieder auf, was dir einfällt. Wenn du fertig bist, überlege, ob deine Schuldgedanken sich auf konkrete Handlungen beziehen oder ob sie deine Gefühle betreffen, und kreuze das jeweils zutreffende an. Orientiere dich dabei an dem folgenden Beispiel:

Schuldgedanken	Handlung	Gefühl
1. Du hast Jack nicht das Geld zurückgezahlt, das du ihm schuldest.	X	
2. Du taugst zu gar nichts.		X
3. Du hast dich gegenüber Rose respektlos verhalten und sie verletzt, als du dich damals mit ihr getroffen hast.	X	
4. Du hast John angelogen.	X	
5. Aus dir wird nie etwas		X
6. Es hat dir nicht richtig leid getan, als du um Vergebung gebeten hast.		X
7. Du wirst nie ein richtiger Christ.		X

Der erste Gedanke betraf also etwas, das Roger wirklich getan hatte, eine verkehrte Handlung, die er nie in Ordnung gebracht hatte. Wenn wir uns etwas borgen, müssen wir es auch zurückgeben. Roger hatte das Vertrauen seines Freundes mißbraucht. In diesem Fall mußte er also „Handlung“ ankreuzen.

Gedanke Nummer zwei stammt von Alvero. „Du taugst zu gar nichts.“ Dieser Gedanke ist eine bloße Behauptung, die seinem mangelnden Selbstwertgefühl entspringt. Er bezieht sich nicht auf eine bestimmte Handlung.

Auch der Gedanke „Du bist nichts wert, weil du dein Scheckbuch vergessen hast“, fußt auf Alveros Minderwertigkeitsgefühlen und nicht auf einer Tat. Der Gedanke nutzt nur den Anlaß, daß Alvero sein Scheckbuch vergessen hat, um seine Minderwertigkeitsgefühle noch zu bestärken. Auch diese Anklage betrifft also seine Gefühle.

Der dritte Gedanke bezog sich auf respektloses, verletzendes Verhalten, also auf eine Handlung.

Dasselbe gilt für den vierten Schuldgedanken, denn Gott möchte, daß wir ehrlich zueinander sind, damit wir einander vertrauen können.

„Aus dir wird nie etwas" richtet sich wieder gegen Alveros Selbstwertgefühl. Es betrifft keine konkrete Handlung. Auch dann nicht, wenn er sich an einem zufälligen Vorfall festhakt, wie zum Beispiel: „Du bist ja schon wieder falsch abgebogen."

Kommen wir zur sechsten Anklage: „Es hat dir nicht richtig leid getan, als du um Vergebung gebeten hast." Diesen Gedanken benutzt der Feind häufig, um uns zu verwirren, besonders wenn uns daran liegt, unsere Gemeinschaft mit Gott in Ordnung zu halten. Er besagt, daß Gottes Vergebung von unseren „richtigen" Gefühlen abhängt. In der Bibel steht jedoch: „Wenn wir unsere Sünden bekennen, so ist er (Gott) treu und gerecht, daß er uns die Sünden vergibt und reinigt uns von aller Ungerechtigkeit" (1. Johannes 1,9). Alvero hatte seine Sünde bekannt, also hatte Gott ihm vergeben. In dieser Beziehung war die Gemeinschaft mit Gott in Ordnung. Die Anklage, die Alvero bedrückte, betraf also seine Gefühle und keine Handlung.

Das gilt auch für den siebten Gedanken: „Du wirst nie ein richtiger Christ." Hier wird jedoch nicht nur Alvero angeklagt, sondern auch Gottes Kraft und Fürsorge in Frage gestellt. Denn jeder, der Gott wirklich sucht, kann Christ werden. „Ein richtiger Christ" zu sein, bedeutet für viele fälschlicherweise, bestimmte Gefühle zu haben und gewissen Versuchungen nicht zu erliegen. Gottes Wort dagegen sagt, daß ein „richtiger Christ" aus dem Heiligen Geist von neuem geboren worden und deshalb ein Kind Gottes ist. Und das wird man nicht, weil man irgendetwas geleistet hat, sondern hängt allein von Gottes Gnade ab.

Als Jesus auf der Erde lebte, hat er alle unsere Gefühle und Versuchungen erlebt und erlitten, aber er ist nie in Sünde gefallen. Seine Macht und Kraft steht uns zur Verfügung, damit auch wir nicht sündigen. Doch viele Christen wissen nicht, wie sie in einer speziellen Versuchung Jesu Kraft in Anspruch nehmen können, und unterliegen deshalb immer wieder. Das heißt jedoch nicht, daß sie niemals „richtige Christen“ werden. Dieser Gedanke, der Alvero quälte, bedeutete letztlich, daß Gott nicht genug Macht hätte, um Alveros Leben zu verändern. Es ging dabei auch nicht um etwas Konkretes, das Alvero getan oder unterlassen hatte, sondern um seine Gefühle.

Bitte nimm nun deine Liste mit den Anklagen zur Hand, die dir eingefallen sind, und überlege, wo es dabei um Handlungen geht und wo nur um Gefühle. So kannst du die Zurechtweisungen Gottes von zwanghaften Selbstanklagen trennen. Die zwanghaften Gedanken leg erst einmal beiseite. Wir werden uns im nächsten Kapitel damit befassen. Schreibe dann die Zurechtweisungen untereinander und richte daneben drei Spalten ein mit dem Titel „Was“, „Wie“ und „Wann“. Am Beispiel von Rogers Schuldgedanken will ich zeigen, wie ich das meine.

Gedanken	Was	Wie	Wann
1. Du hast Jack das Geld nicht zurückgezahlt, das du ihm schuldest.	Zahle es zurück.	Lege immer 15 DM von deinem Gehalt zurück.	Fange im nächsten Monat an.
2. Du hast Rose respektlos behandelt.	Schreibe einen Brief und entschuldige dich.	Rufe Jenny an und frage nach Roses Anschrift.	Heute abend.
3. Du hast John angelogen.	Entschuldige dich und sage ihm die Wahrheit.	Rufe ihn an.	Heute abend.

Roger schrieb zuerst nur seine Schuldgedanken in die linke Spalte und besprach dann jeden Punkt mit Gott. Die erste Anklage lautete: „Du hast Jack das Geld nicht zurückgezahlt, das du ihm schuldest." Als Roger Gott fragte, was er mit dem Geld machen sollte, kam ihm der Gedanke: „Du mußt es zurückzahlen."

„Aber das kann ich doch gar nicht", stöhnte er, „ich habe ..."

„Einen Moment, Roger", unterbrach ich ihn. „Fragen sind jetzt nicht an der Reihe. Sie kommen später dran. Im Augenblick würden deine Fragen dich nur ablenken. Schreibe einfach Gottes Antwort neben die Anklage."

Roger schrieb in die „Was"-Spalte: „Zahle es zurück."

Die zweite Anklage betraf sein Verhalten Rose gegenüber. Als er fragte, was er in diesem Fall tun sollte, sagte ihm Gott: „Schreibe ihr einen Brief und entschuldige dich."

Wieder protestierte Roger: „Aber ich kann ihr gar nicht ..."

„Halt", bremste ich ihn, „schreib es im Augenblick einfach nur auf. Nach dem ‚Wie' und ‚Wann' fragen wir Gott später. Jetzt schreibe nur hin, was Gott dir gezeigt hat."

In Rogers dritter Anklage ging es darum, daß er seinen Freund John einmal angelogen hatte. Er solle sich entschuldigen und die Wahrheit sagen, machte Gott ihm nun klar. Roger schrieb das neben den dritten Schuldgedanken.

Wenn du wissen willst, wie du mit den Zurechtweisungen umgehen sollst, die du dir aufgeschrieben hast, dann sprich jetzt mit Gott über jeden einzelnen Punkt und frage ihn, was du tun sollst. Dabei kannst du so beten:

„Lieber Gott, ich möchte mein ganzes Leben vor dir ordnen. Ich öffne mich jetzt für dich, damit du zu mir sprechen kannst, und ich dich höre. Das erste, was ich falsch gemacht habe, war .... (z. B. daß ich meiner Klassenkameradin einen Füller geklaut habe). Was soll ich jetzt tun?"

Nun sei ganz still und achte darauf, was Gott dir in deine Gedanken bringt. Schreibe, was immer du hörst oder spürst, in die „Was"-Spalte. Fange nicht an, zu argumentieren oder wegzureden, was dir in den Sinn gekommen ist. Danach nimm dir den zweiten Schuldgedanken vor. Bete, höre auf Gott und schreibe auf, was er dir sagt. Gehe durch deine ganze Liste, bis du für jeden Punkt eine Antwort da stehen hast.

Als Roger mit seiner „Was"-Spalte fertig war, mußte er noch herausfinden, wie er das ausführen konnte. Jetzt waren also seine Fragen an der Reihe, die wir vorher zurückgestellt hatten.

Beim ersten Punkt hatte Roger gehört, daß er das Geld zurückzahlen sollte, das er sich geborgt hatte.

„Herr", protestierte Roger jetzt, „du weißt doch, daß ich gar nicht so viel Geld übrig habe. Wo soll ich denn dies viele Geld hernehmen?"

Als Roger dann eine Weile auf Gottes Antwort lauschte, kam ihm der Gedanke: „Lege von deinem Gehalt jedesmal fünfzehn Mark beiseite, bis du den ganzen Betrag zusammen hast, und dann gib es zurück." Ohne mit Gott weiter zu argumentieren, schrieb Roger das in die „Wie"-Spalte.

In bezug auf den zweiten Schuldgedanken auf seiner Liste hatte Roger gehört, daß er einen Brief an Rose schreiben und sich bei ihr entschuldigen sollte. „Aber Herr", wandte Roger ein, „ich weiß überhaupt nicht, wo sie wohnt. Wie soll ich ihr da einen Brief schicken? Ich habe überhaupt keinen Kontakt mehr mit ihr."

Als Roger danach auf Gottes Antwort wartete, kam ihm Jenny in den Sinn, eine gemeinsame Bekannte, die wahrscheinlich Roses Anschrift kannte. Er hatte sogar Jennys Telefonnummer. Das schrieb er in die „Wie"-Spalte hinter den zweiten Schuldgedanken.

Beim dritten Punkt hatte Roger gespürt, daß er sich bei John für seine Lüge entschuldigen und die Wahrheit sagen sollte. Als er nun fragte, wie er das tun sollte, sagte ihm Gott, er solle John anrufen. Auch das schrieb Roger auf.

Und jetzt bist du wieder an der Reihe. Sprich mit Gott noch einmal über alles aus deiner „Was"-Spalte und frage ihn nach dem „Wie". Du kannst ihm jetzt auch alle Fragen stellen, die du zu seinen Antworten in der „Was"-Spalte hattest. Höre dann auf seine Antwort. So kannst du beten:

„Lieber Gott, als ich dich gefragt habe, was ich in dem Fall tun sollte, wo ich .... (z. B. meiner Klassenkameradin einen Füller geklaut habe), da hast du mir gesagt, daß ich ihn zurückgeben soll. Aber Gott, du weißt doch, daß ....

(z. B. sie inzwischen woanders hingezogen ist). Wie soll ich also .... (z. B. ihr den Füller zurückgeben)?“

Warte jetzt still, bis du Gottes Antwort hörst oder spürst. Fange nicht an, mit ihm darüber zu diskutieren, sondern schreibe, was er dir gesagt hat, einfach in die „Wie“-Spalte. Bete und frage weiter, bis du alle Antworten auf deine Wie-Fragen aufgeschrieben hast.

Als letztes fragte Roger nach dem „Wann“. Wann sollte er das tun, was Gott ihm gezeigt hatte? Als er auf Gottes Antwort zu seinem ersten Punkt hörte, kam ihm in den Sinn: „Fange im nächsten Monat damit an.“

Wieder protestierte Roger: „Aber Herr, dann wollte ich mir doch ein paar Kassetten kaufen, und ...“

Nochmals unterbrach ich ihn. „Du hast Gott gebeten, dir einen Weg aus diesem ganzen Durcheinander heraus zu zeigen. Dann diskutiere jetzt nicht mit ihm. Du findest immer einen Grund, warum du nicht tun kannst, was er dir sagt. Deshalb steckst du ja auch noch immer in deinem Schlamassel. Schreibe jetzt auf, was er dir gesagt hat.“

Für den zweiten und den dritten Punkt auf seiner Liste hörte Roger, daß er noch am selben Abend anrufen sollte. Wenn er dann niemanden erreichte, sollte er es solange weiter versuchen, bis er eine Verbindung bekam. Auch diese Antworten schrieb Roger in seine „Wann“-Spalte.

Nimm nun auch deine Liste und frage Gott nach dem Wann zu jedem einzelnen Punkt.

„Lieber Gott, ich habe aufgeschrieben, was ich tun und wie ich das ausführen soll. Nun sage mir bitte, wann ich .... (z. B. den Füller zurückgeben soll).“

Und dann warte wieder still auf das, was Gott dir sagt. Schreibe es dann ohne zu diskutieren in die „Wann“-Spalte und gehe so deine ganze Liste durch.

Weil Roger oft von zwanghaften Gedanken gequält wurde, war fast zu erwarten, daß ihm nun wieder so ein Gedanke durch den Kopf schoß. So war es dann auch. „Aber wie soll ich wissen, daß das wirklich alles von Gott kommt, was ich aufgeschrieben habe?“, fragte er. „Woher soll ich wissen, daß ich mir das alles nicht selber eingeredet habe?“ Vielleicht sind das auch deine Fragen. Um sie beantworten zu können, solltest du, wie ich das im vorigen Kapitel gezeigt habe, überprüfen, ob deine „Leuchtfeuer“ anzeigen, daß du Gottes Willen richtig verstanden hast.

Die Leuchtfeuer überprüfen

Als Roger seine Liste überprüfte, fand er folgendes heraus:

1. Leuchtfeuer: Steht dieser Wunsch oder diese Entscheidung im Einklang mit dem Wort Gottes?

Zurückzugeben, was man sich geliehen hat, sich zu entschuldigen, wenn man jemanden verletzt hat, und die Wahrheit zu sagen, wenn man gelogen hat, stimmt mit dem Geist des Wortes Gottes überein. Rogers erstes Leuchtfeuer brannte.

2. Leuchtfeuer: Habe ich inneren Frieden bei meiner Entscheidung?

Spürte Roger Frieden darüber, daß er das Geld zurückgeben sollte, das er sich geborgt hatte? „Ja“, sagte er, „ich weiß, daß das richtig ist, obwohl ich nun noch etwas warten muß, bevor ich mir die Kassetten kaufen kann, die ich mir wünsche.“

Als ich Roger fragte, ob er Frieden darüber habe, jenen Brief zu schreiben und seinem Freund die Wahrheit zu sagen, antwortete er: „Ich mache es wahrhaftig nicht gern. Mir wäre lieber, das bliebe mir erspart. Trotzdem weiß ich, daß es richtig ist, und ich spüre darüber Gottes Frieden.“ Auch das zweite Leuchtfeuer brannte.

3. Leuchtfeuer: Stimmen andere mündige Christen meiner Entscheidung zu?

Wir hatten Rogers Liste gemeinsam durchgearbeitet. Deshalb konnte ich ihm versichern, daß auch ich überzeugt war, er habe Gott richtig verstanden. Ich machte ihm den Vorschlag, noch andere mündige Christen zu fragen, was sie von den Antworten hielten, die er gehört hatte. Rogers drittes Leuchtfeuer brannte.

4. Leuchtfeuer: Gestatten mir meine Lebensumstände, das auszuführen, was ich als Gottes Willen ansehe?

Konnte Roger das ausführen, was er von Gott gehört hatte? Ja, er konnte es sich leisten, jeden Monat fünfzehn Mark zurückzulegen. Er mußte dann natürlich noch etwas warten, sich seine Kassetten zu kaufen, aber das war nicht zuviel verlangt. Er hatte auch tatsächlich Jennys Telefonnummer, und sie konnte ihm wahrscheinlich Roses Anschrift geben. Und wenn er es auch nicht gern tat, er konnte seinen Freund anrufen und ihm die Wahrheit sagen. Sein viertes Leuchtfeuer brannte.

5. Leuchtfeuer: Hat Gott mir einen speziellen Bibelvers, einen Traum oder eine Weissagung gegeben, die meine Entscheidung bestätigt?

Gab es für Roger eine bestimmte Verheißung von Gott, die ihn in dem, was er tun wollte, bestätigte? Ja, denn in Psalm 24,3.4 steht, daß nur Menschen mit unschuldigen Händen und reinem Herzen zu der Heiligen Stätte kommen können, wo Gott wohnt. Roger hatte sich nicht vorstellen können, wie er sich bei Jesus in die Arme schmiegte. Aber wenn nun seine Hände und sein Herz durch die Vergebung Jesu rein wurden, würde es keine Schranke mehr geben, die ihn davon abhielt. Das fünfte Leuchtfeuer brannte.

6. Leuchtfeuer: Kann ich nun wirklich ausführen, was Gott mir gesagt hat?

Um das herauszufinden, mußte Roger anfangen, jeden Monat fünfzehn Mark beiseitezulegen. Er mußte ans Telefon gehen und Jennys und Johns Nummer wählen.

Wenn Roger Jenny am Telefon erreichte, mußte er nach Roses Adresse fragen. Nur über das Wetter und andere Dinge zu reden und dann aufzulegen, reichte nicht aus. Wahrscheinlich hatte Jenny Roses Anschrift. Er konnte den Brief schreiben. Wenn Jenny Roses Anschrift aber doch nicht kannte, konnte Roger darüber noch einmal mit Gott reden.

Wenn Roger seinen Freund anrief, mußte er John gestehen, daß er ihn belogen hatte, ihm die Wahrheit sagen und ihn um Verzeihung bitten. Wenn er über etwas anderes als über seine Lüge spräche, dann wäre er Gott ungehorsam.

Wenn du nun versuchst, das auszuführen, was Gott dir gezeigt hat, aber an irgendeiner Stelle nicht mehr weiterkommst, kann das folgende Gebet dir helfen, die Sache mit Gott zu besprechen.

„Lieber Gott, ich dachte, du wolltest von mir, daß ich .... (z. B. Anne frage, ob sie Marens neue Anschrift weiß, damit ich ihr den Füller zurückgeben kann). Ich habe das getan, aber .... (z. B. Anne hat Marens Anschrift doch nicht). Was soll ich jetzt tun?"

Dann höre auf Gott. Wenn dir ein Gedanke kommt, schreibe ihn auf und befolge ihn. Wenn du nichts hörst, dann übergib Gott die ganze Sache.

„Lieber Gott, ich habe versucht, ... (z. B. Marens Anschrift zu bekommen, damit ich ihr den Füller zurückgeben kann). Aber .... (z. B. Anne hat sie nicht). Weil du mir nicht gesagt hast, was ich jetzt noch tun soll, übergebe ich dir diese ganze Sache. Kümmere du dich bitte darum. Wenn du willst, daß ich .... (z. B. Maren noch den Füller zurückgebe), dann .... (z. B. gib mir die Gelegenheit dazu). Bis dahin will ich daran festhalten, daß du dich um diese Sache kümmerst. Ich mache mir darüber keine Gedanken mehr. Danke, daß du jetzt dies alles in der Hand hast."

Roger war inzwischen an dem Punkt angelangt, wo er das, was Gott ihm aufgetragen hatte, in die Tat umsetzen mußte. Da tauchte ein weiteres Problem auf. Wie sollte er sich bei Rose und John entschuldigen? Was sollte er ihnen sagen?

Vielleicht stehst auch du jetzt vor dieser Frage. Deshalb möchte ich zeigen, was du beachten solltest, wenn du dich für etwas entschuldigst, was du verkehrt gemacht hast.

Entschuldigungen

1. Sag dem anderen ganz genau, wofür du dich entschuldigst. Wenn es dir schwerfällt, das klar auszudrücken, sprich noch einmal mit Gott darüber. Denn die Sache wird nicht bereinigt, wenn

deine Entschuldigung so allgemein gehalten ist, daß der andere gar nicht mitbekommt, wovon du sprichst.

Roger könnte seinen Brief zum Beispiel so geschrieben haben: „Rose, Gott hat mir gezeigt, daß es verkehrt von mir war, dich an jenem Abend, als wir zusammen waren, solange zu bedrängen, bis du mit den Zärtlichkeiten weitergegangen bist, als du eigentlich wolltest. Es war falsch, daß ich dich und deine Wünsche nicht respektiert habe. Bitte, verzeih mir."

2. Entschuldige dich für das, was du getan hast. Gestehe dein Fehlverhalten ein. Du sprichst mit dem anderen, um deinen Fehler in Ordnung zu bringen. Darum geht es bei deiner Entschuldigung.

Dies ist auch nicht der richtige Zeitpunkt dafür, Fehlverhalten des anderen ins Gespräch zu bringen und ihn (oder sie) auf seine Verantwortung hinzuweisen. Das ist allein Gottes Sache. Zwar gebraucht Gott manchmal unsere Entschuldigung, um dem anderen die Augen dafür zu öffnen, daß auch er etwas verkehrt gemacht hat. Aber das darf nicht das Ziel deiner Entschuldigung sein.

3. Sag dem anderen, warum du dich entschuldigst, zum Beispiel: „Gott hat in meinem Leben gewirkt, und nun möchte ich meine Vergangenheit vor ihm ordnen. Deshalb bitte ich dich, mir zu verzeihen, daß ich ...."

4. Wenn du dich entschuldigst, vermeide das Wort „aber". Allzu oft sagen wir: „Was ich dir getan habe, tut mir leid, aber du hast mir auch das und das angetan." Das ist keine Entschuldigung. Das ist Kritik.

Wenn wir an unsere Entschuldigung ein „Aber" anhängen, nehmen wir damit fast alles von dem zurück, was wir zuvor gesagt haben. Damit können wir die Situation noch verschlimmern. Was wir nach solch einem „Aber" gern sagen würden, können wir mit Jesus besprechen. Er will unsere Verletzungen und unseren Schmerz für uns tragen.

Was wir dem anderen sagen sollten, ist dies: „Mir tut leid, was ich zu dir gesagt bzw. getan habe, *und* ich bitte dich um Verzeihung, daß ich dich verletzt habe."

5. Vergiß nicht, den anderen wirklich um Verzeihung zu bitten, wenn du ihm eingestanden hast, was du verkehrt gemacht hast.

6. Sprich den anderen so an, wie du gern angesprochen werden

würdest, wenn die Rollen vertauscht wären. Frage dich immer: „Wenn ich in seiner (ihrer) Lage wäre, und er (sie) käme, um mit mir darüber zu reden, wie würde ich dann gern angesprochen werden?" Das hilft dir, dich so behutsam und rücksichtsvoll auszudrücken, daß der andere nicht neuerlich verletzt wird.

Ob der andere dir dann wirklich vergibt, ist nicht mehr dein Problem. Du hast dein Teil getan. Um alles weitere wird Gott sich kümmern.

Nimm dir nun deine eigene Liste vor. Wenn etwas darauf steht, wofür du dich entschuldigen mußt, frage Gott, wie er die Sache sieht. Wofür genau sollst du um Verzeihung bitten? Die folgenden Gebetsleitlinien können dir dabei helfen, mit Gott zu sprechen:

„Lieber Gott, ich spüre, daß ich mich bei .... (z. B. Dieter) für .... (z. B. mein Gerede hinter seinem Rücken) entschuldigen soll. Was habe ich nun genau verkehrt gemacht, und wofür soll ich um Verzeihung bitten? Bitte zeig mir, wie du das siehst."

Warte dann still vor Gott und achte darauf, welche Gedanken dir kommen. Höre auf seine leise Stimme und schreibe auf, was er dir sagt.

Und dann beginne, das zu tun, was du aufgeschrieben hast. Wenn du einen Punkt erledigt hast, streiche ihn durch, schreibe das Datum daneben und danke Gott, daß du nun von dieser Sache frei bist.

Wirf deine Liste aber noch nicht weg. Du brauchst sie vielleicht noch, wenn du dich mit deinen zwanghaften Schuldgedanken befaßt. Das ist im nächsten Kapitel an der Reihe.

Kapitel 10: Gebete bei zwanghaften Gedanken

Im vorigen Kapitel haben wir Gedanken, die uns wegen eines konkreten Vorfalls anklagen, von Gedanken abgegrenzt, die uns wegen bestimmter Gefühle Vorhaltungen machen. So hatten wir dann einerseits Gedanken im Blick, mit denen uns Gott von Sünde überführt, und andererseits zwanghafte Gedanken, die als Versuchungen gewertet werden müssen.

Selbstanklagen, die sich auf Gefühle beziehen, verletzen und zerstören uns und andere und untergraben unsere Beziehungen zueinander. Wenn wir sie nun genauer unter die Lupe nehmen, geht es um vier Punkte:

1. Herauszufinden, was das kleine Stückchen Wahrheit in dem Gedanken ist.
2. Zu erkennen, was von der Wahrheit fehlt.
3. Die hinzugefügte Lüge aufzudecken.
4. Aufzuzeigen, welche Verheißungen Gottes in diesem Gedanken unbeachtet bleiben.

Das wird uns dabei helfen, die Gedankenfestungen aufzuspüren, die sich in unserem Inneren gegen die Erkenntnis Gottes erheben (2. Korinther 10, 4.5).

Die folgenden Gebetsleitlinien können dir helfen, deine Probleme vor Gott konkret anzusprechen, darauf zu hören, was er dir sagen will und danach Lügen, zwanghafte Gedanken und zwanghafte Handlungen zu widerrufen und abzulegen. Denn sie stärken jene Gedankenfestungen, die sich gegen das Gute stellen, das Gott in dein Leben bringen will.

Nimm dir nun die Liste mit deinen zwanghaften Selbstanklagen, die du aus den echten Zurechtweisungen Gottes heraussortiert hast, und füge alle weiteren zwanghaften Gedanken hinzu, die dir jetzt vielleicht noch in den Sinn kommen: Gedanken über dich, über andere, über das, was andere deiner Meinung nach von dir denken, über das Leben im allgemeinen und alle Selbstvorwürfe, bei denen es nicht um ganz konkrete Fehlhandlungen geht. Schreibe auch alle Anklagen auf, die etwas betreffen, was du längst in Ordnung gebracht oder wofür du schon vor langer Zeit um Vergebung gebeten hast.

Wenn du immer wieder an bestimmte Verletzungen denken mußt, die andere dir zugefügt haben, dann sprich zuerst mit Jesus über diese wunden Punkte und bitte ihn, daß er sie heilt. Bist du dann deinen Groll auf diese Menschen und dein Kreisen um das, was man dir angetan hat, noch immer nicht los, schreibe das ebenfalls auf. Auch alle Gedanken, die zu zwanghaften Handlungen dir selbst oder anderen gegenüber führen, gehören auf deine Liste.

Was zwanghafte Selbstanklagen sind, zeigte sich deutlich bei Markus und bei Alvero. Markus warf sich ständig vor, es mache ihm nicht genug aus, daß die Menschen um ihn herum auf dem Weg zur Hölle waren (Kapitel 1). Und Alvero meinte, daß er seine Sünden nicht tief genug bereue (Kapitel 7). Alberto und John wurden von Gedanken geplagt, die zu zwanghaften Handlungen führten. Alberto mußte ständig Eliza anrufen, um sich zu vergewissern, daß sie mit keinem anderen Mann zusammen war (Kapitel 5). Und John mußte auf seiner Fahrt zur Arbeit immer wieder umkehren, um nachzuschauen, ob er niemanden angefahren und verletzt hatte (Kapitel 6). Ich möchte ihre Gedanken jetzt als Beispiele benutzen, die dir helfen sollen, deine eigenen zwanghaften Gedanken unter die Lupe zu nehmen.

Bitte bereite ein Blatt Papier mit fünf Spalten vor und bezeichne sie wie folgt: 1. Zwanghafter Gedanke; 2. Enthaltene Wahrheit; 3. Fehlende Wahrheit; 4. Hinzugefügte Lüge; 5. Nicht beachtete Zusage Gottes. Die Tabelle auf der folgenden Seite zeigt, wie ich mir das vorstelle.

Das erste Beispiel in der Tabelle stammt von Alvero. Ständig quälte in der Gedanke, er sei ein Versager. Wenn er auch nur eine Kleinigkeit vergaß, überfielen ihn die Gedanken, daß er unfähig sei, daß er nichts richtig hinkriege, daß niemand so dumm sein könne wie er, daß er ein Versager sei.

Als Alvero seine zwanghaften Gedanken analysierte, fand er heraus, daß immer ein bißchen Wahres darin steckte. Er hatte wirklich sein Scheckbuch vergessen und konnte nun nicht bezah-

Zwanghafte Gedanken analysieren:

Zwanghafter Gedanke	Enthaltene Wahrheit	Fehlende Wahrheit	Hinzugefügte Lüge	Nicht beachtete Zusage Gottes
Du hast dein Scheckbuch vergessen. Du bist ein Versager.	Du hast dein Scheckbuch vergessen. Du kannst nicht bezahlen.	Meistens hast du dein Scheckbuch bei dir.	Du bist ein Versager, weil du dein Scheckbuch vergessen hast.	Gott vergibt dir alles Versagen und macht einen neuen Menschen aus dir.
Es tat dir nicht richtig leid, als du um Vergebung gebeten hast.	Du empfindest heute anders als damals.	Du hast deine Sünde bereut, und Gott hat sie dir vergeben.	Der Wert und der Erfolg deiner Bitte um Vergebung hängt von deinen Gefühlen ab.	Gottes Vergebung gründet sich auf seine Treue und nicht auf deine Gefühle.
Du hast alles versucht, und nichts ist dir gelungen.	Du hast *vieles* versucht, und *manches* ist nicht gelungen.	Vieles von dem, was ich versucht habe, ist mir gelungen.	Du hast alles versucht, was man versuchen kann. Es gibt keinen anderen Weg.	Gottes Wort verheißt seinen Kindern *gute* Gaben.
Du mußt Eliza anrufen. Sie ist mit einem[1] anderen Mann zusammen.	Du liebst Eliza und hast Angst, daß sie dich betrügt.	Eliza hält, was sie verspricht. Als du sie vor einer Viertelstunde angerufen hast, war sie allein.	Eliza ist genauso wie deine früheren Freundinnen.	Gott gibt dir einen Ausweg aus jeder Versuchung.

len, was er einkaufen wollte. Dieses kleine Stückchen Wahrheit blendete ihn so, daß er den ganzen Gedanken als wahr annahm. Alvero trug also in die Spalte „Enthaltene Wahrheit“ ein, daß er sein Scheckbuch vergessen hatte und nicht bezahlen konnte.

Der zweite zwanghafte Gedanke Alveros, der in unserer Tabelle aufgeführt ist, enthielt ebenfalls etwas Wahres. Er empfand nämlich inzwischen wirklich anders als zu der Zeit, wo er Gott zum ersten Mal um Vergebung gebeten hatte. Das verunsicherte ihn so, daß er nicht mehr sehen konnte, wie in seinen zwanghaften Gedanken andere Dinge weggelassen und Lügen hinzugefügt worden waren. Alvero trug also die Tatsache, daß seine Gefühle sich gewandelt hatten, in die Spalte „Enthaltene Wahrheit“ ein.

Punkt drei und vier in unserer Tabelle stammen von Alberto. Auch in seinen zwanghaften Gedanken steckte ein wenig Wahrheit. Das zog ihn vollkommen in Bann, und so bekam er nicht mehr mit, daß seine Gedanken noch viel mehr enthielten als das bißchen Wahrheit. Auch er mußte das Wahre aus seinen Gedanken herausfiltern und es in die entsprechende Spalte eintragen.

Schau dir nun deine eigenen zwanghaften Gedanken daraufhin an, was sie an Wahrheit enthalten. Behalte dabei im Blick, daß bei der ursprünglichen Wahrheit nichts übertrieben oder verzerrt ist. Alles Übertriebene und Verzerrte wurde hinzugefügt und ist zur Lüge geworden. Wenn es dir schwerfällt, das von der Wahrheit zu unterscheiden, weil du so lange daran geglaubt hat, dann sprich mit Gott darüber. Frage ihn, wie er deine Gedanken sieht. Welches kleine Stück ursprünglicher Wahrheit zieht dich so in seinen Bann, daß du den ganzen Gedanken für wahr hältst?

Der folgende Gebetsleitfaden kann dir helfen, deine Gedanken klar auszudrücken:

„Gott, meine zwanghaften Gedanken sagen mir, daß ich .... (z. B. weil ich etwas vergessen habe, ein totaler Versager bin / noch einmal um Vergebung bitten muß, weil es mir damals nicht so leid getan hat wie heute). Bitte zeige mir, wie du diese ganze Sache siehst. Mir scheint, als ob das alles stimmt, weil ich die Wahrheit nicht mehr von der Lüge unterscheiden kann. Welches bißchen Wahrheit hält meine Aufmerksamkeit so gefangen, daß ich das Ganze für wahr halte?“

Warte nun ruhig vor Gott auf seine Antwort.

Welchen Gedanken gibt er dir ein? Wenn du nichts wahrnimmst, dann gebiete dem Feind im Namen Jesu, dich in Ruhe zu lassen. Denn er will dich nicht hören lassen, was Gott sagt.

Bete: „Lieber Gott, ich gebrauche jetzt die Autorität, die ich als dein Kind habe."

Dann sage dem Feind: „Du, der mich nicht hören lassen will, was Gott mir über meine zwanghaften Gedanken sagt, ich gebiete dir jetzt im Namen Jesu, mich in Ruhe zu lassen. Ich befehle dir, aus meinem Leben zu gehen. Im Namen Jesu fordere ich allen Raum in meinem Leben zurück, den du besetzt gehalten hast, und verschließe die Tür, durch die du eingedrungen bist."

Und dann bete wieder: „Herr Jesus, ich setze dich jetzt als Herrscher über diesen Raum in meinem Leben ein. Ich akzeptiere, daß in meinen zwanghaften Gedanken ein wenig Wahrheit enthalten ist, aber eine Menge Lüge. Ich will hören und annehmen, was du mir darüber sagst. Bitte zeige mir das Wahre an meinem Gedanken, das mich in Bann hält."

Wenn dir dann etwas klargeworden ist, sprich darüber mit Gott: „Vater, mir kommt in den Sinn, das bißchen Wahrheit an diesem Gedanken ist, ... (z. B. daß ich etwas vergessen habe / daß ich heute anders empfinde als damals, wo ich um Vergebung gebeten habe)."

Diskutiere nicht über das, was Gott dir zeigt. Schreibe, was du gespürt hast, einfach in die Spalte „Enthaltene Wahrheit", auch wenn du es im Augenblick nicht ganz einsehen kannst. Überlege als nächstes, welche Wahrheit in deiner Selbstanklage fehlt.

In Alveros zwanghaften Gedanken fehlte die Wahrheit, daß er keineswegs immer versagt hatte und daß jeder mal sein Scheckbuch vergessen kann. Er war gar nicht – wie der Gedanke ihm vorhielt – „der einzige, dem so etwas Dummes passieren kann". In Wahrheit machte er vieles gut und richtig. Daß er als ein Mensch wie alle anderen hin und wieder etwas vergaß, machte ihn nicht zum Versager. Als Alvero das eingesehen hatte, schrieb er eine Zusammenfassung davon in die Spalte „Fehlende Wahrheit".

Beim zweiten zwanghaften Gedanken von Alvero fehlte die Tatsache, daß er in bezug auf seine verkehrte Handlung getan hatte, was Gott erwartete: Er hatte diese Sünde bereut und Gott um Vergebung gebeten. Alvero hatte also Gott gehorcht, und Gott hatte ihm vergeben.

Als Alberto seine zwanghaften Gedanken unter die Lupe nahm, fiel ihm auf, daß er nicht alles versucht hatte, was möglich war, und daß er nicht immer versagt hatte. In bezug auf Eliza fehlte die Wahrheit, daß sie – im Gegensatz zu seinen früheren Freundinnen – immer hielt, was sie versprach. Als er sie vor einer Viertelstunde angerufen hatte, war sie auch tatsächlich allein gewesen. Warum sollte denn jetzt jemand bei ihr sein? Eine weitere Tatsache kam in seinen Gedanken nicht vor: Immer wenn er unangemeldet zu Eliza kam, um den Mann zu überraschen, der jetzt bei ihr war, wie seine zwanghaften Gedanken ihm einredeten, war Eliza allein oder mit den Kindern zusammen, für die sie sorgte. Alles das schrieb er in die Spalte „Fehlende Wahrheit".

Nimm dir jetzt wieder die Liste mit deinen eigenen zwanghaften Gedanken vor. Weil du von dem kleinen Rest an Wahrheit darin so geblendet warst, hast du vielleicht gar nicht gemerkt, wie vieles von der Wahrheit fehlte oder daß du diese andere Wahrheit ganz aus dem Blick verloren hast. Darum bitte jetzt Gott, dir zu zeigen, welche Wahrheiten in deinen Gedanken fehlen.

„Lieber Gott, meine zwanghaften Gedanken reden mir ein, daß ich .... (z. B. ein Versager bin, weil ich etwas vergessen habe / noch einmal um Vergebung bitten muß, weil es mir damals nicht leid genug getan hat). Gott, fehlt in diesem Gedanken ein Teil der Wahrheit? Ich öffne mich jetzt für dich, damit du mir das zeigen kannst."

Warte nun wieder ganz still vor Gott auf seine Antwort. Was bringt er in deine Gedanken? Schreibe es in die entsprechende Spalte auf deinem Zettel. Und dann sprich mit Gott noch einmal darüber:

„Gott, mir ist in den Sinn gekommen, daß ich .... (z. B. gar nicht immer alles vergesse / ich schon damals meine Sünde bereut und dich um Vergebung gebeten habe und du mir auch vergeben hast). Ich sehe jetzt, daß diese Wahrheit in meinen Gedanken gefehlt hat. Danke, daß du mir das gezeigt hast."

Danach kannst du zur nächsten Spalte übergehen: „Hinzugefügte Lüge".

Als Alvero unter diesem Gesichtspunkt über seinen ersten zwanghaften Gedanken nachdachte, wurde ihm etwas klar: Er hatte die Tatsache, sein Scheckbuch vergessen zu haben, irgendwie als willentlich verkehrte Handlung eingestuft. Deshalb war das Ganze für ihn auch nicht nur ein rein menschlicher Fehler, der jedem einmal passiert. Er war schuldig. Er hatte versagt. Er hatte gesündigt.

Eine weitere Lüge machte seine Vergeßlichkeit noch schlimmer. Sein Scheckbuch zu vergessen, hieß für ihn, daß alles mißlang, was er tat, daß er nie etwas richtig gemacht hatte und also auch in Zukunft nie etwas richtig machen würde. Deshalb war er unfähig, ein Versager, der immer ein Versager bleiben würde. Obwohl das nach Alveros Gefühl keine Lüge, sondern die reine Wahrheit war, entschloß er sich, es als Lüge anzuerkennen und in die Spalte „Hinzugefügte Lüge" einzutragen. In seinem zweiten zwanghaften Gedanken steckte die Lüge, daß vom Zustand seiner Gefühle Gottes Vergebung abhing. Die Lüge in Albertos erstem zwanghaften Gedanken hatte ihn davon überzeugt, daß es außer dem, was er versucht hatte, keinen anderen Weg gab.

Eine so große Lüge, daß sogar Alberto sie eingestehen mußte, war der zweite Gedanke, daß Eliza gerade mit einem fremden Mann zusammen war, obwohl sie vor einer Viertelstunde noch allein gewesen war. Trotzdem konnte er nicht damit aufhören, sie anzurufen, weil diese Lüge einen Punkt berührte, an dem er von seinen früheren Freundinnen sehr verletzt worden war. Die zwanghaften Gedanken, die Alberto zur Versuchung wurden, griffen ihn – wie alle Versuchungen das tun – an der Stelle an, wo er wegen der alten, unverheilten Wunden am verletzlichsten war.

Nimm nun wieder deine eigenen Aufzeichnungen zur Hand und bitte Gott, dir zu zeigen, welche Lügen darin stecken.

„Lieber Gott, ich öffne mich jetzt für dich, damit du zu mir sprechen kannst. Meine zwanghaften Gedanken sagen mir immer wieder, daß .... (z. B. ich nichts als ein Versager bin / ich schon alles versucht habe, mir nichts gelungen ist, und das auch immer so bleiben wird). Bitte zeige mir die Lügen, die in dieser Anklage enthalten sind. Gott, ich habe jetzt den Gedanken, es sei gelogen, daß ich ....

.... (z. B. immer versagt habe / mir nie etwas gelungen ist)."

Schreibe dann alles auf, was Gott dir gezeigt hat. Wenn dir aber absolut nichts einfällt, dann vertreibe im Namen Jesu den Feind, der dich daran hindern will, zu verstehen, was Gott dir sagt. Kommt dir eine neue Lüge in den Sinn wie zum Beispiel: „Du gehörst mir und wirst mich nie los", dann laß sie gar nicht erst in dich eindringen, sondern weise sie zurück. Du kannst dann beten:

„Im Namen Jesu binde ich den Bösen, der mir sagt, daß .... (z. B. ich ihm gehöre und ihn niemals loswerde), und werfe ihn aus meinem Lebens hinaus. In der Autorität, die ich als Kind Gottes habe, befehle ich dir, mich jetzt zu verlassen, und nie wiederzukommen. Ich verschließe die Tür in meinem Inneren, die zum Reich der Finsternis hin geöffnet war. Im Namen Jesu erkläre ich, daß ich die Freiheit wähle, die Jesus mir geben will. Ich glaube, daß Gott zu mir sprechen will, und daß ich, weil ich sein Kind bin, ihn auch hören kann. Vater, bitte sprich jetzt so deutlich zu mir, daß sogar ich dich verstehen kann."

Warte dann wieder ganz still und schreibe die Gedanken auf, die Gott dir eingibt. Diskutiere nicht mit ihm. Mag sein, daß die Gedanken, die dir jetzt kommen, für dich keinen Sinn ergeben. Schreibe sie trotzdem auf und warte ab, ob du sie vielleicht später verstehst. Wenn du dann durch deine ganze Liste gegangen bist, ist die nächste Spalte dran: „Nicht beachtete Zusage Gottes".

Im ersten zwanghaften Gedanken von Alvero blieb unbeachtet, daß Gott uns nicht verurteilt, wenn wir etwas vergessen. Eine Begebenheit aus dem Markusevangelium zeigt das. Die Jünger Jesu hatten einmal vergessen, genügend Brot mit auf ihre Bootsfahrt zu nehmen. Jesus tadelte sie nicht dafür (Markus 8,14-21). Die Jünger fühlten sich zwar schuldig – ähnlich wie Alvero – und faßten Jesu Worte als Zurechtweisung auf. Aber Jesus tadelte ihre Vergeßlichkeit überhaupt nicht. Er nahm den Vorfall zur Kenntnis und kümmerte sich nicht weiter um diese Unannehmlichkeit.

Gott hatte Alvero zudem verheißen, ihn zu einer neuen Kreatur, also zu einer ganz neuen Persönlichkeit zu machen (2. Korinther 5,17). Das hieß nicht, das er nie wieder sein Scheckbuch vergessen würde, denn das war nur eine unwichtige Nebensache. Die Verheißung Gottes bedeutete, daß aus dem Versager Alvero durch Jesus ein Überwinder werden sollte. Alveros zwanghafte Gedanken ließen das völlig außer acht. Deshalb trug er es in die Spalte „Nicht beachtete Zusage Gottes" ein.

Der zweite zwanghafte Gedanke rückte statt Gottes Verheißungen Alveros Gefühle in den Blickpunkt. Gott vergibt uns, weil er treu und gerecht ist (1. Johannes 1,8) und nicht aufgrund eines bestimmten Grades unserer Reuegefühle. Wenn Gottes Vergebung von unseren Gefühlen abhinge, wäre unser geistliches Leben ein einziges Durcheinander. Wir könnten dann nie sicher sein, ob Gott uns nun vergeben hat oder nicht, denn unsere Gefühle ändern sich ständig. Alveros zwanghafte Gedanken ignorierten Gottes Treue.

Albertos erster Gedanke ignorierte, daß Gott seinen Kindern gute Gabe verheißt und daß alles Gute von Gott kommt. Alberto wußte, daß seine Gedanken in bezug auf Eliza Lügen waren. Trotzdem konnte er der Versuchung nicht widerstehen, seine Freundin immer wieder anzurufen. Aber Gott hat gesagt, daß er aus jeder Versuchung einen Ausweg zeigen will, und diese Zusage fehlte in Albertos Gedanken. Er merkte nicht, daß seine zwanghaften Gedanken Versuchungen waren. Auch daß Gott ihm die geistlichen Waffen geben wollte, mit denen er gegen den Feind angehen konnte, der ihn und seine Beziehung zu Eliza zerstören wollte, kam in seinen Gedanken nicht vor. Sie ließen außer acht, daß Alberto als Kind Gottes die Vollmacht hatte, die Festungen des Feindes in seinem Leben und in seinen Gedanken zu zerstören.

Nimm nun noch einmal zur Hand, was du über deine zwanghaften Gedanken aufgeschrieben hast, und frage Gott bei jedem einzelnen Punkt, welche seiner Zusagen hier außer acht gelassen wird.

„Vater, meine zwanghaften Gedanken sagen mir immer wieder, daß ich .... (z. B. ein Versager bin / immer alles verkehrt mache). Bitte zeige mir, welche deiner Zusagen in diesem Gedanken unbeachtet bleiben. Mir kommt jetzt in den Sinn, daß .... (z. B. du aus mir einen ganz neuen Menschen gemacht hast).

Trage alles, was Gott dir sagt, in die letzte Spalte ein und geh unter diesem Gesichtspunkt dann noch deine ganze Liste durch.

Die Faustregeln anwenden

Weil Gott durch denselben Verstand zu uns spricht, mit dem wir unsere eigenen Gedanken denken, sieh deine Aufzeichnungen nun noch einmal anhand der Faustregeln daraufhin durch, ob deine zwanghaften Gedanken wirklich Versuchungen sind. Wieder werde ich zunächst am Beispiel von Alvero und Alberto zeigen, wie du dabei vorgehen kannst.

1. Faustregel: Ist dieser Gedanke so leise und sanft, daß ich ihn, wenn ich will, beiseite schieben kann?

Alveros und Albertos Gedanken kamen nicht als sanftes Flüstern in ihren Sinn. All ihre Kräfte reichten nicht aus, um diesen Gedanken zu widerstehen. Sie konnten sie nicht zurückweisen. Die erste Faustregel zeigt also, daß ihre Gedanken wirklich Versuchungen waren. Wie sieht das bei deinen zwanghaften Gedanken aus?

2. Faustregel: Verallgemeinert dieser Gedanke einen Einzelfall?

In den Gedanken, die Alvero und Alberto überfielen, wurde immer ein einzelner Vorfall verallgemeinert. Aus der Tatsache, daß Alvero sein Scheckbuch vergessen hatte, wurde der Gedanke abgeleitet, daß er nie etwas richtig mache und immer ein Versager bleiben würde. Bei seinem zweiten Gedanken wurde aus seinen schwankenden Gefühlen verallgemeinert, daß aus ihm nie ein richtiger Christ werde. Die Tatsache, daß Alberto manches, was er sich vornahm, nicht gelang, wurde zu dem Gedanken, daß ihm nichts gelang, was er auch versuchte, und daß es deshalb mit Eliza genauso gehen mußte, wie mit seinen früheren Freundinnen. Anhand der zweiten Faustregel zeigt sich auch hier, daß diese Gedanken Versuchungen waren.

3. Faustregel: Werden Verheißungen Gottes in Frage gestellt?

Ein Blick auf unsere Beispiele von zwanghaften Gedanken zeigen, daß in ihnen allen Verheißungen Gottes in Frage gestellt oder außer acht gelassen wurden. In Alveros Gedanken fehlte die Verheißung, daß Gott uns in unserer Menschlichkeit annehmen, uns unsere Sünden vergeben und durch Christus zu neuen Persönlichkeiten machen will. Sein zweiter Gedanke überging die Tatsache, daß Gottes Treue Grundlage für seine Vergebung ist und nicht unsere Gefühle. Albertos Gedanken ignorierten das

Versprechen Gottes, uns einen Ausweg aus jeder Versuchung zu zeigen.

Wenn du nun deine zwanghaften Gedanken anhand dieser dritten Faustregel prüfst, erweisen sie sich dann auch als Versuchungen?

4. Faustregel: Stellt dieser Gedanke Gott in den Mittelpunkt oder mich?

An den genannten Beispielen fällt auf, wie oft dort das Wort „ich" erscheint. All diese Gedanken kreisten um Alveros beziehungsweise Albertos eigene Person: Ich bin ein Versager. Ich habe nicht tief genug bereut. Ich werde von Eliza betrogen. Ich ... ich ... ich. Gott kommt überhaupt nicht vor. Keine Frage – auch diese Gedanken sind Versuchungen. Und wie steht es mit deinen Gedanken?

5. Faustregel: Machen diese Gedanken mich frei?

Ganz offensichtlich machten die Gedanken in unseren Beispielen die Betroffenen nicht frei. Je länger Alvero an seinen Selbstvorwürfen hängenblieb, desto depressiver wurde er. Und je öfter Alberto seinen Gedanken nachgab und Eliza anrief, desto größer wurde seine Angst. So wurden sie immer tiefer in ihre Probleme verwickelt. Ihre Gedanken waren Versuchungen, das zeigen alle fünf Faustregeln.

Wenn du bei deinen zwanghaften Gedanken zu demselben Urteil kommst, dann gehören sie dem, was in 2. Korinther 10,5 als „Gedanken und alles Hohe, das sich erhebt gegen die Erkenntnis Gottes" bezeichnet wird. Es sind Gedanken, die du gefangennehmen und im Gehorsam Christus unterstellen mußt, damit du sie los wirst. Wie du das tun kannst, darauf wollen wir im nächsten Kapitel näher eingehen.

Kapitel 11: Die Gedanken Christus unterstellen

Du weißt nun, daß deine zwanghaften Gedanken sich gegen Gott erheben und du jeden dieser Gedanken Christus unterstellen mußt (2. Korinther 10, 4.5). Das ist ein Kampf gegen „Mächtige und Gewaltige des Reiches Satans“, wie es in Epheser 6,12 ausgedrückt wird, und du brauchst dafür geistliche Waffen. Denn es reicht nicht aus, wenn du die zwanghaften Gedanken nur durch positive, aufbauende Gedanken zu ersetzen versuchst.

An dieser Stelle möchte ich noch etwas Wichtiges einfügen: Möglicherweise hast du Medikamente verschrieben bekommen, die deine Gedanken beruhigen sollen. Das hat nichts mit dem geistlichen Kampf zu tun, den du ausfechten mußt. Deshalb nimm diese Tabletten weiter, die dein Arzt dir verordnet hat. Wenn deine zwanghaften Gedanken dich dann nicht mehr quälen und du dich frei fühlst, kann er langsam die Dosis verringern und vielleicht die Tabletten schließlich ganz absetzen.

Im Kampf gegen zwanghafte Gedanken brauchen wir eine Ausrüstung von Gott. Paulus beschreibt diese geistliche Waffenrüstung in Epheser 6,11-17. Als erstes nennt er dort den Gürtel der Wahrheit. Was wir in den beiden vorhergehenden Kapiteln getan haben, könnte man als das Anlegen dieses Gürtels sehen. Denn wir haben aus unseren Gedanken die Wahrheit herausgefiltert und uns ihr gestellt. Wenn wir nicht zwischen Wahrheit und Lüge unterscheiden, wirbeln uns die zwanghaften Gedanken wie ein Sturm durcheinander.

Der zweite Teil der Rüstung ist der Brustpanzer der Gerechtigkeit. Diesen Brustpanzer haben wir angelegt, als wir auf Gottes Zurechtweisungen reagiert und getan haben, was er uns dazu gesagt hat (Kapitel 9).

Als drittes nennt Paulus die Stiefel der Bereitschaft, für das Evangeliums des Friedens einzutreten. Wir haben versucht herauszufinden, ob unsere Gedanken uns inneren Frieden bringen oder ob sie uns mehr und mehr in unsere Probleme verstricken. Wenn wir bereit sind, für das Evangelium des Friedens auch gegenüber unseren zwanghaften Gedanken einzutreten, können wir am Ende von ihnen frei werden.

Dann wird der Schild des Glaubens genannt. Diesen Schild brauchen wir, wenn wir vor der Wahl stehen, ob wir glauben und tun, was Gott uns sagt, oder ob wir den zwanghaften Gedanken Raum geben. Am Glauben festzuhalten, kann die Pfeile der zwanghaften Gedanken abwehren.

Der fünfte Teil der Rüstung ist der Helm des Heils oder der Errettung. Der Helm der Errettung muß unser ganzes Denken bedecken und schützen, damit wir Gott hören und verstehen können. Denn diese Fähigkeit haben wir durch den Glauben an ihn bekommen. Weil wir direkt mit Gott in Verbindung stehen, können wir mit seinen Verheißungen gegen die Gedanken des Feindes angehen. Als Gottes Kinder haben wir zudem das Recht, im Namen Jesu, der den Satan besiegt hat und auch uns zum Sieg führt, Autorität über den Feind auszuüben.

Der letzte Teil der Rüstung ist „das Schwert des Geistes, welches ist das Wort Gottes“ (Epheser 6,17). Unter anderem sind das die Verheißungen, die in unseren zwanghaften Gedanken außer acht gelassen wurden. Mit dem Schwert dieser Verheißungen können wir die Gedanken bekämpfen, mit denen der Feind uns belügt und zugrunde richten will.

Nachdem Paulus die Waffenrüstung beschrieben hat, fügt er noch hinzu: „Betet allezeit mit Bitten und Flehen im Geist.“ Das bedeutet in diesem Zusammenhang: Jedesmal, wenn einer dieser zwanghaften Gedanken uns wieder durch den Kopf schießt, müssen wir ihn bekämpfen, indem wir uns mit Bitten und Flehen an Gott wenden und uns so gegen sie stellen.

Wir haben dann keine Zeit für wohlformulierte Gebete. Paulus scheint zu sagen: „Kommt auf den Punkt! Kämpft! Denkt nicht lange darüber nach, wie ihr euch ausdrücken könnt. Macht Gebrauch von eurer Waffenrüstung und der Autorität, die ihr als Kinder Gottes habt! Nehmt die Gedanken, die euch runtermachen, sofort gefangen!“

Dem Feind widerstehen

Wenn du deine geistliche Waffenrüstung angelegt hast, bist du dazu bereit, mit den Mächten des Bösen zu kämpfen, der feurige Pfeile zwanghafter Gedanken auf dich abschießt und dich in Versuchung führen und zu Grunde richten will.

Als ersten Schritt in diesem Kampf mußt du auf alle versteckten Vorteile verzichten, die dir diese Gedanken bringen. Markus, von dem ich im ersten Kapitel erzählt habe, befürchtete, überhaupt nichts mehr fühlen zu können, wenn er seine zwanghaften Gedanken ablegte. Der ihm selbst unbewußte Vorteil bei seinen zwanghaften Gedanken war also, daß er wenigstens noch ein bißchen Gefühl hatte. Bitte nun Gott, dir zu zeigen, ob du versteckte, dir unbewußte Vorteile von deinen zwanghaften Gedanken hast:

„Lieber Gott, ich öffne mich für dich und bitte dich, mir zu zeigen, welchen geheimen Vorteil ich von diesen zwanghaften Gedanken habe. Gott, mir kommt jetzt in den Sinn, wenn ich diese zwanghaften Gedanken aufgäbe, würde ich .... (z. B. überhaupt nichts mehr fühlen / würden mir die Leute in der Gemeinde nicht mehr so viel Mitgefühl entgegenbringen). Im Namen Jesu verzichte ich auf diesen geheimen Vorteil. Es ist eine Lüge, daß .... (z. B. ich dann überhaupt nichts mehr fühlen könnte / ich so sehr das Mitgefühl der anderen brauche). Ich akzeptiere, daß du, Gott, mir gute Gaben gibst und das, was ich brauche.“

Als zweites bejahe, daß deine zwanghaften Gedanken letztlich Lügen sind. Du empfindest sie vielleicht nicht als Lügen, aber als du sie analysiert hast, hat sich herausgestellt, daß nur ein kleines bißchen Wahrheit in ihnen enthalten ist. Doch fehlte so viel von der Wahrheit und so viel Lüge wurde hinzugefügt, daß nun alles nicht mehr stimmt. Erkenne das an! Nimm deine Liste mit den zwanghaften Gedanken und erkläre jeden einzelnen zur Lüge.

„Lieber Gott, du hast mir gezeigt, daß der Gedanke, ich .... (z. B. sei ein Versager / mache alles verkehrt) eine Lüge ist. Ich erkenne das an und erkläre jetzt im Namen Jesu vor der sichtbaren und der unsichtbaren Welt diesen Gedanken zur Lüge. Ich widerrufe diese Lüge, die ich so lange geglaubt habe, binde den Feind, der sie mir eingegeben hat, und werfe ihn aus meinem Leben.

Den Raum in meinem Leben, der vom Feind und seiner Lüge besetzt war, fordere ich zurück und weihe ihn Jesus. Ihn erkläre ich zum Herrscher über alle meine Lebensbereiche. Jesus, übernimm du als Herr diese Lebensbereiche und zeige mir, was ich denken und sagen, fühlen, tun und sein soll, und durch deine Gnade werde ich das tun und sein. Sag mir auch, was ich nicht denken und sagen, fühlen, tun und sein soll, und durch deine Gnade werde ich das nicht mehr tun und sein."

Du hast nun den alten Gedanken zur Lüge erklärt und ihn aus deinem Leben hinausgeworfen. Nun verwandle ihn in einen Gedanken, der Jesus gehorsam ist. Akzeptiere die Wahrheit, die in diesem Gedanken gefehlt hat, und die Verheißungen Gottes, die außer acht gelassen wurden. Beides kannst du den entsprechenden Spalten deiner Aufstellung entnehmen.

„Im Namen Jesu erkläre ich, daß ich diesen Gedanken jetzt dem Gehorsam gegenüber Jesus unterstelle. Ich akzeptiere deshalb die Wahrheit, daß .... (z. B. es mich nicht zum Versager macht, wenn ich etwas vergesse / ich vieles gut und richtig mache). Danke, Herr Jesus, daß ich .... (z. B. kein Versager bin und du aus mir einen neuen Menschen machst / mir vieles gut gelingt und du mir gute Gaben schenkst).

Gehe so durch deine ganze Liste zwanghafter Gedanken. Erkläre jeden einzelnen als Lüge und entscheide dich so für die Wahrheit.

Wenn du dabei plötzlich starken Widerstand in dir spürst oder überwältigende Angst, dann schreibe auf, was du fühlst. Wenn dir ein Gedanke kommt wie zum Beispiel: „Paß auf, sonst verlierst du die Kontrolle", schreibe das auf. Wenn noch etwas hinterherkommt, schreibe es dazu, besonders die „Stell dir vor ..."- und „Was ist, wenn ..."-Sätze.

Als Alvero mit seinen Erklärungen anfangen wollte, brach er plötzlich in höhnisches Gelächter aus. „Ha, ha, ha", platzte es aus ihm heraus, „du wirst mich nie los!" Augenblicklich banden wir im Namen Jesu den Bösen, der durch ihn sprach und die Kraft Gottes in Zweifel stellte. Und wir übereigneten Jesus den Bereich von

Alveros Leben, den der Böse besetzt gehalten hatte. Da war Alvero frei, um seine Erklärung abzugeben.

Wenn du alles notiert hast, was dir in den Sinn gekommen ist, sprich mit Gott darüber. Darunter sind Sätze, die sich gegen Gott erheben und dich daran hindern wollen, frei zu werden. Wehre dich auch gegen jeden Widerstand in deinen Gefühlen, binde ihn und wirf ihn aus deinem Leben. Nimm dir jeden einzelnen Satz vor, der dir in den Sinn gekommen ist, erkläre ihn zur Lüge und wirf ihn aus deinem Leben hinaus. Du kannst so beten:

„Lieber Gott, als ich versucht habe, meine zwanghaften Gedanken zu Lügen zu erklären, hatte ich plötzlich das Gefühl, ... (z. B. ich müßte vor Wut um mich schlagen / ich würde alle Kontrolle verlieren). Gott, du hast gesagt, was wir hier auf der Erde binden und lösen, soll auch im Himmel gebunden und gelöst sein (Matthäus 18,18). Deshalb binde ich jetzt im Namen Jesu .... (z. B. meine Wut / meine Angst, die Kontrolle zu verlieren) und werfe sie aus meinem Leben. Im Namen Jesu schließe ich die Tür, durch die diese Gedanken und Gefühle in mein Leben hineingekommen sind. Ich erkläre, daß diese Gedanken und Gefühle, ... (z. B. daß ich vor Wut um mich schlagen müßte / daß ich alle Kontrolle verliere, wenn ich die zwanghaften Gedanken aus meinem Leben werfe) Lügen sind. Ich widerrufe diese Lügen im Namen Jesu, nehme mir den Raum in meinem Leben zurück, den sie besetzt gehalten haben, und weihe ihn Jesus. Er soll Herr darüber sein. Jesus, nimm diesen Bereich meines Lebens in Besitz und zeige mir, was ich denken und sagen, fühlen, tun und sein soll, und durch deine Gnade werde ich das sein. Sag mir auch, was ich nicht sagen und denken, fühlen, tun und sein soll, und durch deine Gnade werde ich es lassen."

Nimm dann wieder deine Liste mit den zwanghaften Gedanken, mit der du wegen des inneren Widerstands, den du gefühlt hast, nicht fertig geworden bist. Wenn du nicht alleine damit weiterkommst, bitte Gott, dir jemanden zu zeigen, der dir helfen kann.

Den Sieg festhalten

Du hast dich nun dazu gestellt, daß deine zwanghaften Gedanken Lügen sind, hast deine Autorität über sie gebraucht und sie aus deinem Leben verwiesen. Damit hast du allerdings keinen magischen Knopf gedrückt, durch den jetzt plötzlich all die zwanghaften Gedanken ausgelöscht sind. Leider funktioniert das nicht.

Der richtige Kampf fängt jetzt erst an. Gott sagt uns, daß wir wachsam sein sollen (Epheser 6,14.18) und besonnen zum Gebet (1. Petrus 4,7). Paß also auf deine Gedanken auf! Sie sind dir so zur Gewohnheit geworden, daß sie nicht so leicht verschwinden. Achte auf das, was du denkst. War dieser Gedanke eine alte Lüge? Wenn ja, dann sage ihm mit Nachdruck: „Im Namen Jesu, verschwinde!" Gib diesem Gedanken nicht mehr Raum in dir, als du dem Gedanken geben würdest, du solltest eine Bank ausrauben.

Sage dann: „Im Namen Jesu: Du, der mir diesen Gedanken eingegeben hat, geh! Ich nehme deine Lüge nicht an und weise deine Versuchung ab. Meine Gedanken unterstehen Jesus. Danke, Herr Jesus, daß ich .... (z. B. kein Versager bin)."

Zu Beginn ist das meist ein harter Kampf. Deine Gedanken und Gefühle werden dir lauter verdrehte Sachen einreden, wie zum Beispiel: „Du kannst den Kampf gar nicht gewinnen!", „Du wirst nie deine Freiheit erlangen", „Was denkst du eigentlich, wer du bist?", „Das schaffst du nie", „Und wenn du jetzt stolz wirst?" und so weiter. Das ist normal. Bleibe fest und erkläre die Gedanken zur Lüge, indem du deine Autorität einsetzt, die du durch Jesus hast.

Bete: „Ich erkläre im Namen Jesu, daß auch dieser Gedanke eine Lüge ist. Herr Jesus, danke daß dieser Gedanke nicht wahr ist. Ich denke jetzt nur die Gedanken, die du mir gibst."

In den ersten Tagen wirst du es schwer haben. Nicht immer wirst du dir deiner Gedanken sofort bewußt werden, und dann ziehen sie dich wieder herunter und du merkst irgendwann, daß du wieder in den alten Gleisen deiner zwanghaften Gedanken bist. Wenn das passiert, achte auf die Selbstvorwürfe, die dich dann überschwemmen wollen: „Wie kann man nur so dumm sein!", „Ich hab dir doch gesagt, daß du es nicht schaffst", „Ich hab gleich gewußt, daß du nicht durchhältst".

Laß dich durch sie nicht irritieren, sondern gebrauche wieder deine Autorität und weise sie energisch zurück: „Hau ab!“ Binde den Urheber dieser Selbstvorwürfe und wirf ihn hinaus. Erkläre, daß diese Gedanken Lügen und Versuchungen sind, die dich in Unfreiheit festhalten wollen. Unterstelle sie dem Gehorsam gegenüber Jesus, indem du ihm dafür dankst, daß diese Gedanken Lügen sind und du sie am Ende besiegen wirst.

Wenn du nun Tag für Tag deine feste Haltung gegen die zwanghaften Gedanken bewahrst, wirst du merken, daß sie schließlich nachlassen und verschwinden. Vielleicht geistern sie dann noch immer am Rande deines Bewußtseins herum, aber du wirst langsam frei. Du hast gesiegt über die Gedanken, die zu deiner „Haustür“ eindringen wollten. Nun paß an deiner „Hintertür“ auf. Wenn sie sich dort einschleichen wollen, sehen ein bißchen anders aus als vorher. Aber auch unter der neuen Verpackung sind es die alten zwanghaften Gedanken.

Albertos „Hintertür-Gedanken“ lauteten: „Eliza ist ihr Studium und ihr Job wichtiger als ich. Das bilde ich mir nicht ein, ich habe Beweise.“

Aber es war dasselbe alte Thema: „Eliza ist mir untreu.“ Nur diesmal statt mit einem anderen Mann mit ihrem Studium und ihrer Arbeit. Alberto mußte gegen diese zwanghaften Gedanken, die zu seiner Hintertür eindringen wollten, dieselbe Taktik gebrauchen wie zuvor.

Sei auch du wachsam, wenn du die klar erkannten zwanghaften Gedanken vertrieben hast – in etwas anderer Form kommen sie gern nur allzuschnell wieder. Weise sie ab, sobald du sie bemerkst. Wenn du ihnen gegenüber fest bleibst, wirst du sie besiegen. Wenn deine zwanghaften Gedanken nicht abnehmen, solltest du zu einem Psychiater gehen, der klären kann, ob du wegen bestimmter chemischer Fehlfunktionen in deinem Gehirn Medikamente brauchst.

Gott hat versprochen, daß keine Versuchung, die dich angreift, über deine Kraft gehen soll (1. Korinther 10,13). Das betrifft auch die Versuchung durch deine zwanghaften Gedanken. Sie werden langsam abnehmen und du wirst immer mehr Freiheit gewinnen. Entscheide dich immer von neuem für diese Freiheit.

Kapitel 12: In Freiheit leben

In den letzten Kapiteln haben wir unsere zwanghaften Gedanken analysiert und dabei festgestellt, daß es Lügen sind, die wir widerrufen und Christus unterstellen müssen. Wir können von ihnen frei werden, weil wir als Kinder Gottes das Recht haben, in Freiheit zu leben.

Das heißt jedoch nicht, daß uns deshalb keine Sorgen mehr berühren, wir keine Mühe, Krankheit, Versuchungen oder andere Probleme mehr haben. Dem sind alle Menschen ausgesetzt, ob sie an Jesus glauben oder nicht. Ein Blick in die Bibel zeigt das. So wird in Hebräer 11 nicht nur von den Glaubenssiegen von Abraham, Isaak, Mose und anderen berichtet, sondern auch von Menschen gesprochen, die Gott vertraut und trotzdem Entsetzliches erlitten haben.

Das wirft verwirrende Fragen auf. Wo war Gott, als diese Dinge geschahen? Hat er sich nicht darum gekümmert? Warum hat er nicht eingegriffen? Er kann doch alles, oder etwa doch nicht? Diese Fragen quälten auch Margarita.

Margarita

Margarita hatte schon viele Jahre in der Außenmission gearbeitet, als sie Gott in einer Freizeit bat, mit seinem Licht in alle verborgenen Bereiche ihres Lebens zu kommen und Dinge zu erhellen, die ihr nicht bewußt waren, deren Existenz sie aber ahnte.

Bald darauf bekam sie grauenvolle Alpträume, in denen sie erlebte, wie sie als kleines Mädchen sexuell mißbraucht wurde. Diese Träume wurden so schlimm, daß sie schließlich Angst davor hatte, überhaupt noch schlafen zu gehen. Was sie da träumte, konnte nicht wahr sein, versuchte sie sich einzureden. Das durfte einfach nicht stimmen.

Margaritas Teenagerjahre waren bedrückend gewesen, weil ihre Eltern sich ständig stritten und es zwischen ihnen zu solchen Gewalttätigkeiten kam, daß ihre Mutter schließlich an den Folgen davon starb. Aber Margarita hatte sich selbst immer damit getröstet, daß wenigstens ihre frühe Kindheit normal gewesen war. Wenn sie jedoch wirklich erlebt hatte, was sie da träumte, dann war nichts gut und normal gewesen, und dann gab es auch nichts mehr, womit sie sich selbst trösten konnte. Es wäre dann allerdings erklärlich, warum sie sich schon immer so schmutzig gefühlt hatte, so besudelt und verdorben, daß keine heiße Dusche und kein Abschrubben das besserte, geschweige denn beseitigte.

Nun fragte sie verzweifelt, warum Gott zugelassen hatte, daß ihr Vater sich an ihr verging. Wo war Gott gewesen? Warum hatte er ihren Vater nicht daran gehindert?

Andererseits, wenn Gott das zugelassen hatte, dann mußte sie es wohl irgendwie verdient haben. Ihre Eltern und all ihre Verwandten erzählten ihr immer wieder, daß sie eigentlich ein blonder, blauäugiger Junge hatte werden sollen. Hatte sie es verdient, mißbraucht zu werden, weil sie ihren Vater damit enttäuscht hatte, als braunäugiges Mädchen mit dunklem Haar zur Welt zu kommen? War das der Grund, warum er ihr das angetan hatte? Aber Gott hatte sie doch als Mädchen geschaffen. Warum hatte er dann das alles nicht verhindert? Er war doch Gott! Warum hatte er nicht einfach all diese Gemeinheit und Brutalität aus ihrem Vater ausgetrieben, als der kam, um sie zu verletzen? Konnte Gott doch nicht alles tun, was er wollte?

Ein Mädchen aus der Nachbarschaft hatte Margarita als kleines Kind zu einer nahegelegenen Kirche eingeladen, und dort hatte sie Jesus als ihren Retter und ihren Freund kennengelernt. Wenn es bei ihr zu Hause mal wieder eine wilde Alkohol- und Drogenparty gab, schlüpfte sie aus der Wohnung und blieb bis zum frühen Morgen in der leeren, stillen Kirche. Manchmal fand sie dort der Pastor, und dann nahm er sie für den Rest der Nacht mit zu sich nach Hause.

Ihre Eltern kümmerten sich überhaupt nicht um sie. Sie konnte tun und lassen, was sie wollte, hingehen, wohin sie wollte, egal, zu welcher Tages- oder Nachtzeit. Alles unter einer einzigen Bedingung: Sie sollte das Abitur schaffen. Bis dahin war das noch niemandem in ihrer Familie gelungen. Ihre Mutter hatte sie dazu bestimmt, das zu erreichen.

Margarita erlebte, wie aus ihrer Verwandtschaft einer nach dem anderen ins Gefängnis wanderte, drogensüchtig wurde, vom Ehepartner zusammengeschlagen wurde, sich scheiden ließ und sich drei-, viermal wieder verheiratete, in psychiatrische Kliniken eingewiesen wurde oder Selbstmord beging. Da sagte sie sich, daß ihr Leben etwas für Gott bedeuten sollte, auch wenn niemand aus der Familie sie verstand. Sie schaffte wirklich das Abitur und wurde Missionarin.

Nun, nach Jahren auf dem Missionsfeld, war sie am Ende ihrer Kräfte. Ihre Alpträume wurden immer schlimmer, und schließlich wurde ihr bewußt, daß der sexuelle Mißbrauch bis in ihre Teenagerjahre angedauert hatte. Sie hatte das überlebt, indem sie in eine Fantasiewelt geflüchtet und sich schöne Geschichten über andere Familien ausgedacht hatte. Nun kamen ihr immer wieder Erinnerungsfetzen in den Sinn, die sie in die ursprüngliche Angst und den Horror zurückversetzten.

„Halt ihn von mir weg. Bitte, halt ihn von mir weg“!, schrie Margarita und warf sich in die Arme ihrer Freundin, die zu mir mitgekommen war. „Bitte, bitte, laß ihn mich nicht anfassen!“ Und dann, mit der Stimme eines bestürzten vierjährigen Kindes: „Meine Hände sind ganz klebrig und ich bekomme sie nicht sauber.“

„Margarita“, sagte ich sacht, „Jesus ist hier und er wäscht dich mit seinem Blut ganz sauber.“

„Nein, nein, nein! Kein Blut, nur kein Blut. Alles außer Blut!“ schrie Margarita auf und verkroch sich noch tiefer in den Armen ihrer Freundin. „Bitte kein Blut.“

„Warum, Margarita?“ fragte ich, „warum alles außer Blut? Was bedeutet Blut für dich?“

„Da ... da ist Blut ...“, kam es stockend aus ihr heraus, „Blut an meinen Händen ... mein Blut ... und ich bekomme es nicht ab ... er hat gesagt, daß er mir nicht wehtut ... er hat gelogen ... bitte, bitte nicht noch mehr Blut!“ wimmerte sie.

„Margarita, es tut mir so leid“, sagte ich und spürte, wie mir Tränen in die Augen stiegen. „Jesus ist hier mit seiner Gerechtigkeit. Schau“, sagte ich und hielt meine Hände wie eine Schale zusammen und ihr entgegen, „hier ist eine große Schüssel voll mit seiner Gerechtigkeit. Du kannst dich darin waschen. Damit geht das Blut von deinen Händen ab."

„Wirklich?" fragt sie mit der Kleinmädchenstimme. „Damit geht es wirklich ab?"

„Wirklich", versicherte ich, „versuche es nur."

„Oh", staunte sie, während sie ihre Hände in der „Schüssel" aneinander rieb, als ob sie sich wüsche. „Das Blut geht wirklich ab. Aber nun geht es in seine Gerechtigkeit über. Jetzt ist die ganz blutig."

„Das macht nichts. Jesus hat Massen von Gerechtigkeit. Wir nehmen eine neue Schüssel voll, die ist dann ganz sauber", sagte ich und formte mit meinen Händen eine neue Schüssel. „Schau, sie ist ganz sauber."

„Darf ich mein Gesicht auch mit seiner Gerechtigkeit waschen?" flüsterte Margarita.

„Ja, auch dein Gesicht."

„Und ... und kann ich darin auch ganz baden?"

„Aber ja. Fang damit an. Genau dafür ist es da."

Margarita machte Bewegungen, als ob sie Wasser über ihren ganzen Körper goß.

„Und kann ich auch meine Zähne damit putzen? Wird das den schlechten Geschmack wegnehmen?" fragte die kleine Stimme einer Vierjährigen.

„Ja, Margarita. Auch deine Zähne. Die Gerechtigkeit Jesu macht auch deine Zähne sauber."

„Oh", rief Margarita plötzlich aus, „ich bin sauber! Zum ersten Mal in meinem ganzen Leben bin ich sauber! Die Gerechtigkeit Jesu hat mich sauber gemacht, so sauber wie ich noch nie war!"

Es war ein Wunder. Nie wieder würde Margarita diesen Dreck an sich fühlen, den sie so oft erfolglos mit Bürste und heißem Wasser abzuschrubben versucht hatte. Doch damit waren ihre Fragen über Gott noch nicht beantwortet. Warum hatte er sie nicht beschützt, wenn er doch wußte, was ihr Vater mit ihr machte? Wenn er alles tun konnte, was er wollte, warum hatte er dann nicht das Böse aus ihrem Vater hinausgetrieben?

„Margarita", erklärte ich ihr eines Tages, „wir sagen oft, daß

Gott alles tun kann, was er will, aber das stimmt nicht ganz. Gott gehört das letzte Wort über diese Welt. Aber er spricht im Augenblick nicht über alles, was in dieser Welt geschieht, daß erste Wort. Als unsere Ureltern, Adam und Eva, auf Satan hörten und taten, was er ihnen einflüsterte, übergaben sie ihm damit auch das Recht, über die Welt zu herrschen. Er ist seitdem der Fürst der Welt. Deshalb spricht er immer wieder in vielen Fällen das erste Wort über das, was in unserer Welt geschieht, wenngleich Gott noch immer das letzte Wort hat.

Margarita, Gott wollte nicht, daß dein Vater dir das antat. Gott wollte, daß dein Vater dich liebt und dich beschützt und nicht, daß er dich mißbraucht. Wenn jemand das Böse in deinem Vater im Namen Jesu gebunden und ausgetrieben hätte, dann hätte er vielleicht damit aufgehört. Aber da war niemand, der das hätte tun können."

„Und warum hat Gott dann nicht selbst das Böse aus meinem Vater ausgetrieben? Warum hat er ihn nicht daran gehindert, das mit mir zu machen?"

„Gott wollte ihn davon abhalten", sagte ich freundlich. „Aber dein Vater hat nicht auf ihn gehört. Und Gott zwingt keinen Menschen zum Guten, deinen Vater ebensowenig wie dich. Natürlich hätte Gott die Macht, all das Böse einfach auszutreiben. Aber wenn er das täte, hätte dein Vater keine Möglichkeit mehr, sich freiwillig für ihn zu öffnen, das Böse zu bereuen und so Vergebung dafür zu bekommen. Gott liebt deinen Vater so wie alle Menschen und wollte ihm die Chance geben, seine Sünde zu bereuen und sich verändern zu lassen."

„Aber hat Gott mich nicht auch lieb?" fragte Margarita, die wieder von ihren alten Schmerz überschwemmt wurde, mit der bebenden Stimme eines verängstigten kleinen Mädchens. „Warum hat er das immer wieder geschehen lassen, wenn er mich doch liebte?"

„Ja, Margarita, Gott hat dich auch lieb. Ich kann mir vorstellen, wie zornig und traurig er über das war, was dein Vater dir antat. Doch er wußte auch, daß er dich reinwaschen und alle deine Verletzungen heilen konnte. Eines Tages wird Jesus wiederkommen und diese Welt neu machen, und dann wird es nicht mehr so schreckliche Dinge geben, wie du sie erlebt hast. Aber schon jetzt will er dich heilen und deinen Vater, wenn er das nur will, innerlich verwandeln."

„Ach, und ich habe gedacht, er hätte sich nicht um mich gekümmert, weil ich das alles verdient hatte und so klein war. Aber er wußte, daß er alles wieder heilen konnte. Dann hat er mich wirklich geliebt."

Frei leben im Machtbereich des Feindes

Viele Christen werden von denselben Fragen gequält wie Margarita. Warum läßt Gott so schlimme Dinge zu? Warum verhindert er das Böse nicht? Um darauf antworten zu können, müssen wir weit zurückgehen in die Geschichte der Menschheit und dieser Welt. Als Gott die Welt und die Menschen geschaffen hatte, gab es zwischen Gott und seiner Schöpfung keine Schranken. Er konnte seine guten Gaben in all der Fülle über der Welt ausströmen lassen, wie er wollte.

Als durch uns Menschen Saten die Herrschaft über Gottes

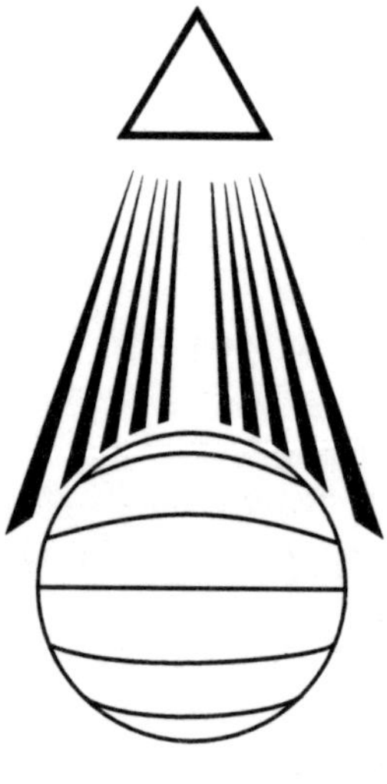

Die Segnungen Gottes überströmen seine neu geschaffene Welt

Schöpfung bekam, wurde sie zum Machtbereich dieses Erzfeindes Gottes, und es entstand eine Barriere zwischen Gott und seiner Schöpfung. Noch immer gießt Gott seinen Segen und seine guten Gaben auf die Schöpfung aus, aber die Barriere verhindert, daß wir sie in ihrer ganzen Fülle empfangen.

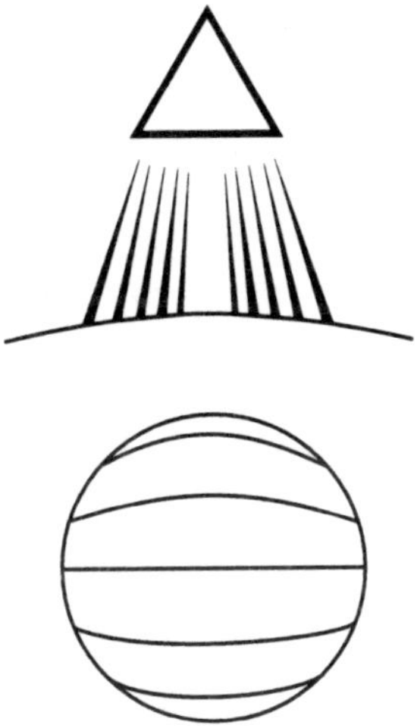

Die Barriere zwischen Gott und seiner Schöpfung blockiert Gottes Segensströme

Jesus hat durch seinem Tod am Kreuz Satan besiegt und so das Hindernis durchbrochen, das uns von Gott trennte (Kolosser 2,15). Er gab seinen Nachfolgern das Recht und die Vollmacht, in seinem Namen ebenfalls die Barrieren des Feindes zu durchdringen und in direkten Kontakt mit Gott zu kommen.

Wenn wir beten, nutzen wir die Vollmacht, die wir durch Jesus haben, um die Barriere des Feindes zu durchdringen, und dann kann hier Gottes Segen zu uns hindurchfließen. Eins stimmt jedoch nach wie vor: Wir leben als Kinder Gottes auf feindlichem Territorium. Und das vergessen wir allzuoft. Wir leben noch nicht im Himmel, wo es keine Sorge, keinen Kummer, keinen Schmerz und

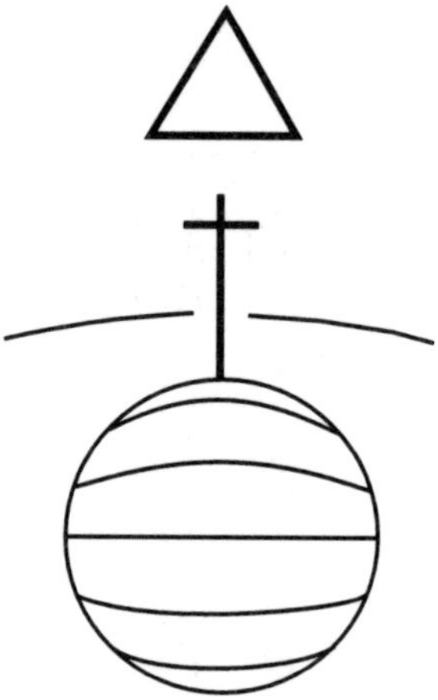

Durch seinen Tod am Kreuz durchbricht Jesus die Barriere des Feindes

nichts Böses mehr gibt. Gott verwandelt zwar unser Leben, wenn wir uns für ihn öffnen. Aber die Welt um uns herum verändert sich in ihren Grundzügen nicht, denn noch immer ist sie der Herrschaftsbereich des Satans. Doch eines Tages wird Jesus wiederkommen und alles neu machen, und dann wird er das erste und das letzte Wort über diese Welt sprechen. Aber schon heute kann die überfließende Liebe Gottes uns und andere auch dann erreichen, wenn wir ihn darum bitten und unser Leben dafür öffnen.

Es bleibt jedoch die Frage, warum viele Christen so wenig davon spüren. „Ich habe solchen Hunger nach der Liebe Gottes", sagt mir manchmal jemand, „und ich habe ihn gebeten, seine Liebe über mir auszuschütten, aber er tut es nicht. Jedenfalls kann ich seine Liebe nicht fühlen. Und Liebe, die nur ein schöner Gedanke aus Bibelsprüchen ist, nützt mir wenig. Ich habe Gott gefragt, warum er mich seine Liebe nicht fühlen läßt, aber er antwortet mir nicht. Warum nicht? Warum gibt er mir seine Liebe nicht so, daß ich sie fühlen kann?"

Diese Fragen sind wichtig und berechtigt. Wir werden jedoch eher eine Antwort darauf finden, wenn wir sie ein wenig um-

Wenn wir beten, durchbrechen wir die Barrieren des Feindes, so daß Gottes Segen zu uns fließen kann

stellen: Wenn Gott seine unermeßliche Liebe ständig über mir ausschüttet, warum empfange und fühle ich dann so wenig davon? Wenn er mich immer wieder ruft, warum höre ich dann seine Stimme nicht? Gibt es noch Barrieren in mir, die niedergerissen werden müssen, damit ich Gottes Liebe empfangen und fühlen kann? Womit sind meine inneren Ohren verstopft, daß ich seine Stimme nicht verstehe?

Diese Fragen können wir Gott direkt stellen: „Vater, ich weiß, daß du mich liebst, aber ich fühle so wenig davon. Bitte zeige mir die Bereiche in meinem Leben, die ich noch nicht für dich geöffnet habe und die deshalb noch nicht heil geworden sind und mich so daran hindern, deine Liebe zu fühlen. Zeige mir bitte auch, womit meine inneren Ohren so verstopft sind, daß ich deine Stimme nicht verstehe."

Schreibe auf, was dir dann einfällt, und sprich mit Gott weiter darüber. Und dann gebrauche deine Autorität, die du als Kind Gottes hast, und reiße die Barrieren nieder, die den Strom seines Segens und seiner Liebe behindern.

In Jesus frei sein

Wenn unsere seelischen Verletzungen heil geworden sind, wir alte Schuld vor Gott gebracht und aufgearbeitet haben und die zwanghaften Gedanken losgeworden sind, die uns versklavt haben, wenn wir gelernt haben, Gottes Stimme zu erkennen, die uns beim Namen ruft und uns führt, dann kommen wir in eine neue Freiheit vor Gott und können ihm mit größerer Liebe dienen.

Gott sagt uns, daß er uns mit seinen Augen leiten will (Psalm 32,8). Wir müssen jemanden sehr genau kennen, um zu wissen, was er will oder fühlt, wenn wir ihm nur in die Augen schauen. Gott will, daß wir uns mit ihm so vertraut austauschen, so eng mit ihm verbunden sind. Unser Gebetsmonolog wird dann zum Zwiegespräch mit Gott, wir hören auf ihn und antworten auf das, was er uns sagt.

In solchem Gespräch mit Gott erkennen wir, wer er ist, wie sehr er uns liebt und was er von uns möchte. Wir hören, wie er uns freundlich korrigiert, wenn wir uns irgendwo irren und in Gefahr geraten, wieder versklavt zu werden. Voll Güte ruft er uns, damit wir in immer größere Freiheit gelangen und lernen, uns selbst mit anderen Augen zu sehen. Wir begreifen dann, wer wir sind, welche Begabungen Gott uns gegeben hat, an welchem Platz und wie wir ihm dienen sollen.

Das führt uns dann auch in immer tiefere Gemeinschaft mit anderen Christen, denn dann können wir auch unsere Brüder und Schwestern, so wie Gott sie geschaffen und begabt hat, annehmen und schätzen und uns gegenseitig helfen und unterstützen. Bevor die Welt erschaffen wurde, hatte er schon einen Plan für uns (Epheser 1,4.11-14). Er möchte, daß unser Leben durch den Dienst Sinn und Inhalt bekommt. Dabei geht es nicht um irgendwelche geistlichen „Großtaten“, denn Gott sagt, daß auch einfache, alltägliche Aufgaben Dienst für ihn sind – selbst wenn es nur darum geht, jemandem, der durstig ist, ein Glas Wasser zu geben (Matthäus 10,42). Wenn wir unser Selbstwertgefühl aus dem Bewußtsein schöpfen, wieviel wir Gott wert sind, fangen wir nicht mehr so leicht an, das, was wir tun, mit den „Leistungen“ anderer zu vergleichen. Wir haben es dann nicht mehr nötig, uns selbst auf die

Schulter zu klopfen, weil wir meinen, besser dazustehen als der andere. Und wir bekommen auch keine Minderwertigkeitskomplexe mehr, weil wir denken, wir müßten dasselbe können wie der andere.

Als wir im Bibelseminar in Armenia in Kolumbien arbeiteten, kamen wir Mitarbeiter regelmäßig zusammen, um zu beten und den anderen Anteil an unserem Erleben mit Gott zu geben. Wir gestanden uns gegenseitig unsere Fehler, sprachen über Kämpfe und Siege. Gott hatte einer der Frauen, Ruth, einen besonderen Dienst des Gebetes anvertraut. Sie erzählte uns, wie Gott sie manchmal um drei Uhr Nachts weckte, damit sie für verschiedene Probleme und für Menschen betete, die Gott ihr ans Herz gelegt hatte, und wie wunderbar Gott darauf antwortete.

Statt mich darüber zu freuen, kamen mir Schuldgefühle. „So kann ich nicht beten", dachte ich. „Bin ich dann überhaupt noch richtig in Kontakt mit Gott? Vielleicht sollte ich mir meinen Wecker stellen und nachts zum Beten aufstehen. Denn so bete ich wirklich nicht."

Als diese Gedanken immer wieder in mir hochkamen, sprach Gott zu mir. „Arline", sagte er, „ich habe dich nicht dazu berufen, mitten in der Nacht aufzustehen und zu beten. Ich habe Ruth und nicht dir diese Aufgabe gegeben. Wie könntest du den Studenten zuhören, die bei dir Hilfe suchen, wenn du nachts um drei zum beten aufstündest? Du würdest ja mitten im Gespräch einschlafen. Wenn du die Aufgabe übernimmst, die ich Ruth gegeben habe, kannst du das nicht tun, was ich dir aufgetragen habe. Ich habe Ruth die Aufgabe gegeben, zu beten, damit du und andere, wenn ihr vor besonderen Problemen steht, euch an Ruth wenden könnt, und sie dann die Sache im Gebet für euch durchkämpft. Hör auf, dich mit ihr zu vergleichen und konzentriere dich auf deinen Auftrag."

Einige Wochen später war Monica bei uns, eine der anderen Missionarinnen, um uns bei unserer Steuererklärung zu helfen. Ich sagte ihr, es müsse schön sein, so gut mit Formularen und Zahlen umgehen zu können. „Ja", stimmte sie zu, „ich glaube doch, daß ich auch ein paar Begabungen habe. Gott mußte über diesen Punkt ernsthaft mit mir reden. Ich habe immer zu meinem Küchenfenster rausgeschaut und dann die vielen Studenten und Studentinnen gesehen, die zu Gesprächen zu dir kamen. Und dann habe ich zu Gott gesagt: ‚Ich möchte auch solche seelsorglichen Gespräche führen. Warum schickst du nicht auch zu mir ein paar Studenten, so wie du es bei Arline machst? Ich tue doch nichts, als tagsüber im Büro ein paar Zahlen zusammenzurechnen. Ich möchte die Gabe der Beratung haben.‘ Aber Gott hat mir gezeigt, daß ich dann meine eigene Aufgabe nicht mehr erfüllen könnte. Ich denke, er weiß, was er tut.“

Wir hatten beide auf den anderen geschaut, hatten uns schuldig gefühlt und waren auf die Gaben des anderen eifersüchtig gewesen. Wir verglichen uns miteinander und meinten, der andere habe eine bessere oder wichtigere Begabung. Dabei hatten wir ganz aus dem Blick verloren, daß Gott uns beide in besonderer Weise begabt hatte. Wir gut, daß er uns das gezeigt hatte, denn nun konnten wir uns darüber freuen, wie Gott durch den anderen wirkte. Wir konnten ihm für unsere eigene Begabung danken und für die der anderen. So wurden wir frei, das zu tun und zu sein, wozu Gott uns geschaffen hatte. Ich konnte zu Monica oder zu Ruth gehen, wenn ich ihre Hilfe brauchte, und sie zu mir.

Genau an dem Platz, wo wir leben, inmitten unserer Welt, die für uns feindliches Territorium ist, hat Gott uns durch Jesus zu einem Leben der Freiheit berufen. Er hat dich dazu berufen, von der Sünde frei zu werden und von zwanghaften Gedanken, durch die du dich selbst herabgesetzt und zerstört hast. Er hat dich dazu berufen, daß du dich in seiner Liebe geborgen fühlst und hörst, wie er dich bei deinem Namen ruft. Und er möchte, daß du dich darüber freust.

Nimm dir gerade jetzt die Zeit, um ihm dafür zu danken.

Weitere Bücher aus dem Blaukreuz-Verlag Wuppertal und dem Blaukreuz-Verlag Bern

Arline Westmeier

Die verletzte Seele heilen

Gesundung durch Seelsorge

– mit Fallbeispielen und Illustrationen –

6. Auflage

144 Seiten, Paperback, z. Z. DM 21,80 / öS 159,– / sFr. 22,–

Viele Menschen haben seelische Verletzungen verdrängt. Unerklärliche Verhaltensweisen sind die Folge. An zahlreichen Beispielen macht die Autorin deutlich: Es gibt Befreiung von der belastenden Vergangenheit. Vielen Ratsuchenden hat sie geholfen, sich ihren schmerzhaften Erinnerungen und Gefühlen zu stellen, sie an Jesus Christus abzugeben und sich von ihm dauerhaft heilen zu lassen.

Arline Westmeier

Auch tiefverletzte Seelen können heilen

Belastende Bindungen lösen – Leben entfalten

2. Auflage

152 Seiten, Paperback, z. Z. DM 21,80 / öS 159,– / sFr. 22,–

Zahlreiche Menschen sind in ihrer Persönlichkeit gestört, erschüttert, verletzt. Die Autorin konnte auch schwerwiegend Gestörten durch die Kraft des Glaubens erfolgreich helfen. Dies ist eine Weiterführung des bewährten Titels „Die verletzte Seele heilen“.

Ray Burwick

Du bist besser, als du denkst

Wege zu einem gesunden Selbstwertgefühl

3. Auflage

136 Seiten, Pb., Illustrationen, z. Z. DM 19,80 / öS 145,– / sFr. 20,–

Viele Menschen finden keine Lebenserfüllung. Trotz gesicherter Verhältnisse sind sie plötzlich am Ende. Die verborgenen Ursachen: ein verzerrtes Selbstbild und ein schwaches Selbstwertgefühl. Der Autor (selbst Betroffener) zeigt authentische Wege zu einem gesunden Selbstwertgefühl. Zahlreiche eindrucksvolle Fallbeispiele vertiefen die Aussagen dieses Buches.